プロの理論がよくわかる

一からのパン作り

美味しいパンの研究工房「つむぎ」
竹谷　光司

旭屋出版

パン作りは一生の友です。

一生の友が
この本で見つかりますように！

はじめに

　さあ、これからパン作りを楽しみましょう。パン作りは想像しているよりも簡単です。パン作りは間口が広いのです。でも、奥もまた限りなく深く広いです。そしてその魅力に取りつかれると、きっと一生付き合うことになります。付き合えば付き合うほど裏切らない一生の伴侶です。

　たくさんの家庭製パンの本がある中で、この本が目指したのは実際のパン作りのイロハと、その根拠となる製パン理論をできるだけ、分かりやすい言葉で解説することです。プロのパン屋さんが無意識に使う専門用語を誰でもわかる普通の言葉に翻訳することです。なんとなく、霧に包まれていたパン作りの視界が開け、ますますパン作りが面白くなりますように！

　世界にはいろいろなパンがあります。それらは全てその土地にできる小麦を最大限美味しく食べてもらおうと、その土地のお母さん、パン屋さんが工夫した、努力と愛情の結晶です。ぜひ、あなたもご家族へ、周りの方々へ美味しい手作りのパンを振る舞ってください。

　全国にはあなたのようにパン作りに興味を持っている方がたくさんいらっしゃいます。趣味で始めた方、パン職人２～３年目の方、この本を通してお互いに教え合い、自慢し合い、持ち寄って食べ比べて、話の尽きない楽しい仲間が見つかるとうれしいです。

　私はそろそろパンを作り始めて50年になります。でも、まだこれから新たに試したいこと、挑戦したいことが山ほどあります。こうしたらもっと美味しいパンができるのではないか？　これをしたらもっと簡単に、楽をして美味しいパンができないか？　どこかでご一緒にパン作りのできることを楽しみにしております！

竹谷　光司

目 次
CONTENTS

はじめに ……………………… 3
「一からのパン作り」ガイド ……… 5
プロが使う用語解説 …………… 12

Step 1
基本のパン5種 …………… 13
テーブルロール ……………… 14
食パン ……………………… 24
菓子パン …………………… 34
フランスパン ………………… 44
クロワッサン ………………… 54

Step 2
パン作りの材料 …………… 67
小麦粉 ……………………… 68
パン酵母 …………………… 71
塩 ………………………… 73
砂糖 ………………………… 74
バター ……………………… 75
卵 ………………………… 76
牛乳 ………………………… 77
水 ………………………… 78

Step 3
パン作りの作業 …………… 79
パン作りの道具 ……………… 80
パン生地の仕込み（ミキシング）
　………………………… 82
発酵（一次発酵）……………… 88
分割・丸め ………………… 89
ベンチタイム・成形 …………… 91
ホイロ（最終発酵）…………… 92
焼成 ………………………… 93

Step 4
応用のパン5種 …………… 95
コーンパン ………………… 96
レーズンパン ……………… 104
ブリオッシュ ……………… 114
パン・ド・カンパーニュ ……… 122
デニッシュペストリー ……… 130

あとがき …………………… 142

「一(いち)からのパン作り」ガイド

理屈の前に
Step 1　まずは作ってみましょう

★ ポリ袋を使って、キッチンを汚さないミキシング
★ 音の出ないミキシング
★ 時々休んで、楽チン（オートリーズを使って）ミキシング

それでもふっくら、ボリュームの大きいパンが焼けます！

やってみて、「?」と 思ったら

材料のことは → Step 2「パン作りの材料」(P.67) へ
製法のことは → Step 3「パン作りの作業」(P.79) へ

次のステップへ、と思ったら

Step 4「応用のパン5種」(P.95) へ進みましょう。

ここまで来たら、あとはあなたの工夫次第でパン屋さんに並んでいるアイテムのほとんどを焼くことができます。

「一からのパン作り」ガイド

POINT 1

仕込みは、ポリ袋。
あとも楽ちんパン作り

1

今回のミキシング方法は、一般社団法人ポリパンスマイル協会が世界一簡単なパン作りとして普及活動をしている、ポリ袋を使っての小麦粉と水のミキシングを採用しています。キッチンを汚さず、小麦粉への水回しが簡単に、均一に、手早くできるからです。ここでミキシングを終えても、美味しいパンはできます。

2

パン酵母、油脂、塩を除く原材料で生地を作った後はオートリーズ（自己消化、自己分解）を20分とります。小麦粉に水を加えて寝かせると、グルテンは自然につながってきます。捏ねるだけが生地をつなげる手段ではありません。

3

この本では、生地をポリ袋から出して手捏ね（ミキシング）もします。ミキシングの3要素は「たたく、のばす、たたむ」です。このうちのどれか1つの動作でもミキシングといえます。そんな訳で、今回はたたくのを控え、練る（のばす、たたむ）動作を中心のミキシングとしました。

4

本書に書かれている「回数」は、袋の中でもんだ回数はカウントしていません。加えて、この回数はパンを作りなれた著者が実際に仕込んだ回数です。読者の皆さんの場合は2〜3割、増やした方がよい生地になるかもしれません。また、仕込み量を多くした場合は、さらに2〜3割増やすことになります。

「一からのパン作り」ガイド

POINT 2

パンの分類方法にはいろいろありますが、ここでは砂糖の量を中心に、副材料の量、
それとバター折り込みの有無で分類しました。

砂糖の量（ベーカーズ％）	本書の中のパン
0%	フランスパン系（フランスパン、パン・ド・カンパーニュ）
5〜10%	食パン系（食パン、レーズンパン）
10〜15%	テーブルロール系（テーブルロール、コーンパン）
20〜30%	菓子パン系（菓子パン、ブリオッシュ）
30%以上	スイートロール系
ロールインの有無	クロワッサン、デニッシュペストリー

本書では、これらのジャンルを代表するパンとして上記のようなパンを選びました。
作りたいパンが焼けるようになると、もっとふっくらと、もっと軟らかく、もっと
美味しいパンが作りたくなります。そんな時はステップ2、3を開いて材料を知り、
作業のポイントはどこにあるのかを楽しく探りながら、お付き合い下さい。工夫次
第でパンの展開は無限に広がります。

基本・応用の10種類をマスター
したら、展開は無限大

「一からのパン作り」ガイド
POINT 3

手捏ねだから、この小麦粉選び

今回は、すべて自分の手だけでパン生地を作ろうとしています。プロは大量に仕込むのでミキサーを使います。人間の手ではどんなにがんばってもグルテンの形成を機械のようにはできません。それを簡単に示したのが下の図です。

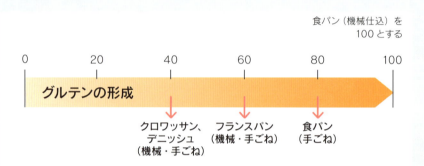

となると、手仕込みと機械仕込みでは、小麦粉も使い分けないといけません。

昔から、パンをふっくら膨らませるのには条件があります。

① タンパク質の多い・強い小麦粉は、力の強い、高速ミキサーでミキシングする。

② タンパク質の少ない・弱い小麦粉は、弱い・低速ミキサーでミキシングする。

③ タンパク質の中ぐらいの小麦粉は、中ぐらいのミキサースピードでミキシングする。

つまり、これは高タンパク質の小麦粉を買ってきても、あなたの手に高速ミキサーに匹敵するスピードと力がなければ、相応にグルテンのできたパン生地には仕上げられない、ということです。もちろん、パンをふっくら大きく膨らませる潜在的な力は高タンパク小麦粉の方が持っています。でも、人の手の力だけではその潜在的な力をとても十分発揮させることはできず、中途半端なミキシングではかえってパンのボリュームを抑えてしまうのです。ですから、ステップ4では人の手でパン生地を捏ね上げるということを前提に、使用小麦粉のタンパク質量を11.0～11.5％と制限しています。

パン作りの方法は一つではありません。小麦粉にあったミキサーを選ぶか、手仕込みという条件に合った小麦粉を選ぶかです。ということで、この本のステップ4では上記③を選択したというわけです。

「一からのパン作り」ガイド

POINT 4

ベーカーズパーセントを知りましょう

　パンを焼き始める前に、少しプロの世界へご案内します。すぐにパンを焼いてみたい方はこの部分を飛ばしてもかまいません。2～3品焼き上げた後に読んでいただいたほうが理解も早く、深まるかもしれません。

　まず、「配合」を見てください。ここには使う原材料とその量・比率が示してあります。ただし今回、原材料の種類は基本的なものに限定してあります。それは

① 小麦粉	100
② インスタントドライイースト（赤）	a
③ 塩	b
④ 砂糖	c
⑤ バター	d
⑥ 卵（正味）	e
⑦ 牛乳	f
⑧ 水	g
合　計	X

この本では、水の分量を一定値で表記していますが、実際には使用する粉によって±3％程度の幅が出ます。それでもパンには焼き上がりますから、次の時から調整しましょう。

の8種類＋α（アルファ）です。書く順番も決めています。①～③はパン作りに大切な順、④～⑧は水分の少ない順になっています。このように決めることは入れ忘れを防ぐことにもつながります。

　次に、その原材料を使う量・配合ですが、世界のパン屋さん、ケーキ屋さんはパンの配合（材料の割合）を書く時、私たちが学校で習ったパーセント（百分率）とは違うベーカーズパーセントという数字を使います。百分率の％は加える材料を全部足すと100になるのに対して、ベーカーズパーセントは小麦粉（複数の穀粉を使う場合はそれらを合わせた穀物粉全て）を100とした時に、他の材料がそれに対してどのくらいの比率にあたるかという書き方をします。結果として、ベーカーズパーセントは全部の数字を足すと180とか250といった、必ず100より大きい数字 X（＝100＋a＋b＋c＋d＋e＋f＋g）になります。

　何で？と思われるでしょうが、この方法で配合を書くと便利なことがたくさんあります。この本では時々このベーカーズ％でお話をしますので、まずはパン屋さんの世界へお邪魔するつもりでベーカーズ％を受け入れてください。

「一からのパン作り」ガイド

POINT 5

　本書では、各パンの材料写真のそばに「工程表」を置いています。

　ちょっと難しく感じるかもしれませんが、ポイントと時間・温度・重量だけですから慣れるとずいぶん便利になります。プロたちはこの表だけでほとんど製法を理解して作業に掛かります。

　作業の内容や意味、ポイントなどはステップ3に解説しています。

　下の表で見ていただきたいのは、生地は触ったら休ませる、触ったら休ませる、の繰り返しになっている、という流れです。

　作業をした後(何かしら生地に負荷をかけたあと)は作り手もパン生地も疲れますから必ず休ませる時間を持ってください。このことを、「加工硬化」と「構造緩和」と言います。つまり、ある作業をすると(負荷をかけると)パン生地が「加工硬化」を起こしますから、そのあとは必ず休ませて「構造緩和」の時間をとるというのがパン作りのセオリー(小麦粉生地の特性)です。こうすることでパン生地に与えるストレスを最小限にして、ふっくらとボリュームのあるパンを焼くことができます。その面倒な作業が次に示す工程です。

　それぞれかかる時間や環境は異なりますが、生地はこの流れで硬くなったり柔らかくなったりしていることだけ、ご理解ください。

工程表（例）

工程	内容	硬化/緩和	
ミキシング	材料を混ぜて一まとまりにする	加工硬化	触ったら、硬くなる
発酵時間 (27℃、75%)	発酵させる、生地を膨らませる	構造緩和	休ませて、柔らかくする
分割・丸め	生地を所定の重量に切り分け、丸める	加工硬化	触ったら、硬くなる
ベンチタイム	切り分けた生地を休ませる	構造緩和	休ませて、柔らかくする
成形	焼き上げる形に整える	加工硬化	触ったら、硬くなる
ホイロ (32℃、80%)	最終発酵。生地を膨らませる	構造緩和	休ませて、柔らかくする
焼成 (200℃)	焼き上げる		

　ちなみに、後半で加える加工硬化ほど、パン生地に与える影響は大きいということも知っておいてください。

プロ用の「工程表」を理解しましょう

※ミキシングの中で「↓」は、途中で「↓」の後に表記したものを加えるという印です。

「一からのパン作り」ガイド
POINT 6

残り生地は、冷蔵庫熟成でさらに美味しくできます

　テーブルロール、菓子パンなどは小麦粉250ｇ仕込みでは12個もできます。かといって、これよりも少量ではかえって作るのが難しくなります。ご近所におすそ分けするのも良いですが、始めたばかりではその自信もないでしょうから、そんな時は便利でパンも美味しくなる冷蔵庫熟成を試してください。この方法をマスターすれば、生地を多めに作って毎日焼きあげることも可能になります。

　この本では、各パンごとに「応用編」として生地の冷蔵熟成法を紹介しています。本書に記載している以上に量を増やして一度にたくさん生地を仕込んでもよいですが、生地を練る回数も当然多くなりますから、手仕込みの場合、腕力、体力の限界も考えながら挑戦してください。

プロが使う用語解説 （五十音順）

パンについて

クラスト：パンの表皮、外皮のこと。

クラム：パンの中身のこと。外皮の内側にある軟らかい部分。

サク味：サクサクとした歯切れのよさをイメージして使われることが多いようです。

内相：パンの中の様子、すだち（気泡の形状）。ミキシング、発酵の結果として現れた姿形。

ハースブレッド：「ハース」とは火床（パン生地を置く加熱された台）の意味。そのためここ（通常はフランスパン専用オーブン等の石製の床のことが多い）に直接パン生地を置いて焼くパンをハースブレッド（直焼きパン）と呼びます。

ハード系とソフト系：リーンなパンはほぼ硬く焼き上がるので「ハード系」、副材料の多いものはソフトに焼き上がるので「ソフト系」と呼ばれます。

引き：パンにおいては、噛み切りやすさを言います。

　　　引きが強い→歯切れが悪い、引きが弱い→歯切れがよい。

リーンとリッチ：製パンの基本材料4種類（穀物、パン酵母、塩、水）のみで作られたパンを「リーンなパン」、その他の副材料（油脂、卵、乳製品）を豊富に加えたパンを「リッチなパン」と呼びます。リッチと呼ばれるのは、材料を贅沢に使うからです。

パン作りにおいて

オートリーズをとる、発酵を（大きく）とる、ホイロをとる：それぞれ生地を休ませ、発展させるための「時間をとる」という意味合いで使われます。「発酵を大きくとる」とは、発酵させ、生地を大きく膨らませるという意味も含みます。

加水：小麦粉に水分を抱き込ませるために水を加えること。（小麦粉の持つ）能力以上のこともある。

窯伸び：オーブンの中に入れた生地が、一定の大きさまで上や左右に大きくなること。

吸水、吸水率：小麦粉が水分を抱き込むこと、あるいはその能力、比率。

クープが弱い：フランスパン等に入れた切れ目が、その目的(水分を蒸発させる)を達成するに不十分なこと。または外観として、切れ目が美しく立っていないこと。

工程・工程表：作り方。最低限の手順を時間と温度（湿度）、重量で表したもの。

腰折れ：パンの腰に折り目が入ること。

仕込み水：配合に書かれている材料としての水。

主材料(主原料)と副材料：主材料とはパン作りの基本材料の4種類（小麦粉、パン酵母、塩、水）を指し、それ以外が副材料とみなされます。

手捏ね、手混ぜ、手仕込み：手捏ねは狭義ではミキサーを使わないで手で捏ねることを指しますが、広義ではパン生地を作り上げるまでも指します（＝手仕込み）。捏ねるまでもなく、ただ材料を混ぜる程度（リュスティック等）のものを「手混ぜ」ともいいます。

延ばすと伸ばす：本書では平面的に広くのばすことを「延ばす」、長細くすることを「伸ばす」と表記しています。判断が難しい時は「のばす」とひらがなにしています。

配合：材料とその必要量、および比率が示されたもの。料理で使われる「レシピの材料」とほぼ同意とお考えください。

復温：冷蔵・冷凍で冷やした生地を、室温に戻すこと。

ミキシング：材料を合わせ、「のばす、たたむ、たたく」の三要素で生地を作るための作業。ただし本書では「たたく」は用いていません。本書では「のばす、たたむ」だけでミキシングとし、その別称として「もむ」「ねる」「こねる」という表現も使っています。

焼き縮み：パンを焼き上げ、冷えていく時に気体の収縮に伴ってパンが縮むこと。

STEP 1

基本のパン5種

　ステップ1は、初級編のパン作りとして、パン屋さんに並ぶいろいろなパンを5つのジャンルに分けて、その代表的な配合・工程を紹介しています。

　温度、湿度などの数字が書いてありますが、慣れないうちはあまり気にせず、おおらかに捏ねて、待って、焼いてみてください。このとき、もしあなたの時間や温度の記録を取っておけたら2回め以降はもっと上達します。さあ、まずは試しに作ってみましょう。

ITEM. 01

テーブルロール
TABLE ROLLS

ロール

リボン

三つ輪

初めてパン作りに挑戦するのに、最も作りやすいパンの配合です。この配合は、食パン型で焼くと味の濃厚な「ホテルパン」になり、あんこを包むと菓子パンにも変身します。ある意味、万能の配合でもあります。

カレーパン

バターロール

フラワー

工 程	
ミキシング	手仕込み（40回↓IDY10回　AL20分　150回↓塩・バター150回）
生地温度	28〜29℃
発酵時間（27℃、75%）	60分　パンチ30分
分割・丸め	40g
ベンチタイム	20分（バターロール形は10分↓10分）
成形	ロール形、バターロール形　ほか
ホイロ（32℃、80%）	50〜60分
焼成（210→200℃）	8〜10分

IDY：インスタントドライイースト　AL：オートリーズ

配合（材料）

Chef's comment　材料の選び方

- スーパーの棚に並んでいる小麦粉からパン用粉（強力粉）を選んでください。メーカー、国内産、外国産は問いませんが、種類によって加える水の量は多少変わってきます。

- パン酵母にはいろいろな種類があります。その中から、今回はインスタントドライイースト（赤）を選んでください。

- 普段お台所で使っている塩をお使いください。

- 普段お料理に使っているものでかまいません。パン作り上級者になると使い分けることもありますが、パンの出来に大きな違いはありません。まずは身近にあるものをお使いください。

- お台所のバター、マーガリン、ラードなど、普段使っている固形の油脂をお使いください。ここでは無塩バターを使います。

- 書かれている重量は、殻を除いた中味の全卵です。卵黄と卵白を均一に混ぜてから使います。

- 冷蔵庫にあるいつもの牛乳でかまいません。牛乳を使うと味や焼き色がよくなるなど、パンには好影響がありますが、アレルギーなどが心配な方は、豆乳や水にかえてもかまいません。

- 水道水でかまいません。日本の水道から出てくる「やや軟水」という性質の水はパン作りには向いています。

40gの生地12個分

材　料	粉250gの場合（g）	ベーカーズ%（%）
小麦粉（パン用粉）	250	100
インスタントドライイースト（赤）	5	2
塩	4	1.6
砂糖	32.5	13
バター	37.5	15
卵	37.5	15
牛乳	75	30
水	50	20
合　計	491.5	196.6

そのほかの材料
- 塗り卵（卵：水＝2：1の割合に塩少々を加えたもの）適量
- フィリング用カレー　適量

ITEM. 01 / TABLE ROLLS

ミキシング

1

ポリ袋に粉と砂糖を入れ、空気を含ませてよく振る。片方の手で口を閉じ、もう片方の手で袋の底角を押して振ると、袋が立体的になって粉が混ざりやすい。

2

よく溶いた卵、牛乳、水も袋に加える。

3

再びポリ袋に空気を入れて立体的にし、パン生地を袋の内壁にぶつけるように強くしっかり振る。

4

ある程度塊になってきたら、袋の上からしっかりもむ。

5

袋を裏返して生地を作業台の上に出す。袋についた生地はセルベラでこそげとる。

6

作業台の上で、生地を押して「のばす」と戻して「たたむ」を1回と数えて、40回ほどもみ、インスタントドライイーストを加えてさらに10回ほどもむ。

7 乾燥注意！適温キープ！

オートリーズ→詳細 P.83 参照

ここで、ミキシングを休んでオートリーズをとる。生地を丸め、閉じ口を下にしてボウル（うすくバターを塗っておく）に入れる。乾かないようにラップをして20分おく。

8

インスタントドライイーストが均一になるよう混ぜ込んでいく。150回をめどにもむ（捏ねる）。

Chef's comment　**ミキシングについて**

Bread making tips
〈パン作りのコツ〉

●ミキシング

　この本では、従来とは違うミキシング方法をご紹介します。ポリ袋を使う方法です。台所を汚さず、洗い物も少なくなるので忙しい方にはぴったりの方法です。

　薄すぎないポリ袋に小麦粉、砂糖を入れます。そもそも計量する時に粉類はポリ袋で計ればいっそう手間が省けます。そして、そのポリ袋に空気を含ませてシャカシャカと均一に混ざるように振ります。

　次に、よく溶いた卵、牛乳、水も空気と一緒に入れて、風船を膨らませたような状態にして元気よく振ります。ポリ袋の内壁にパン生地をたたきつけるような気持ちで激しく強く、両手を使ってパン生地を一つの塊にします。

　次に、ポリ袋の上からパン生地をもみ、パン生地の中のグルテンの塊がより強くつながるように同様の動作を続けます。ある程度生地がまとまってきたら袋を裏返して中の生地を作業台の上に出します。ポリ袋の中にこびりついている生地も、セルベラでていねいにこそげとってください。これも計量した生地の分量のうちです。そして、生地をさらに40回ほどもみ、インスタントドライイーストを加えてさらに10回もんでください。

　ところでプロたちが当たり前のようにやっている、ミキシングの途中で「休む」というのもミキシング手法の一つです。休んでいる間もパン生地のグルテンは薄く延びてくれ、パン生地をより成長させていることが科学的にわかっているのです。この方法は「オートリーズ」といい、詳細はP.83に述べるとして、ここではこの手法も積極的に取り入れて、楽にミキシングを進めていきます。

　生地は一つにまとめてボウルに入れ、乾燥させないようにして休ませます。これがオートリーズです。通常この成果は20〜60分で現れますのでここでは20分、休ませました。休ませただけで、その後の作業がぐんと楽になります。

　20分後、再び「延ばす」「たたむ」の反復動作を150回をめどに行います。続いて塩とバターをパン生地にすり込んでいきます。効率良くやるなら生地を小分けにして、一つを延ばしてはその上に塩、バターを塗りつけ、またその上に延ばしたパン生地を重ねて塩、バターをのせるという作業を繰り返すことです。

　さらにこのあと捏ねる作業を150回して、パン生地が写真のように薄く延びればできあがりです。（P.19 グルテンチェックの写真参照）

効率アップのポイント
生地は小さく分けて、それぞれを薄く延ばして重ねる方法だと、効率よくミキシングができます。

作業台の温度調整
大きめのポリ袋にお湯（夏場は冷水）を1ℓほど入れて空気を抜き、こぼれないようにしっかり栓をしたものを作業台の空きスペースにおき、時々作業スペースと交代します。作業台を温めながら（冷やしながら）ミキシング作業を進めるほうが、室温の調整より効果的です。作業台は写真のような石製が蓄熱性にたけています。お試しください！

17

ITEM. 01 / TABLE ROLLS

生地温度

9

生地を広げ、塩とバターを加える。

10

「のばす」「たたむ」のセットを150回繰り返し、生地をつないでいく。生地を小さく切って延ばしては重ねる（P.17参照）を繰り返すと作業がやりやすい。

11

捏ね上げた生地の温度を確認する(28~29℃が望ましい)。

生地発酵（一次発酵）

12

生地をまとめ、7のボウルに戻す。乾燥させないようにラップをかけ27℃に近いところに60分おく。

13

ほどよく膨らんだら、指穴テストをしてボウルから出し、軽くパンチを入れる。

14

再びボウルに戻し、ラップをし、12と同じ環境でさらに30分発酵をとる。

分割・丸め

15

40g×12個に分割する。

16

軽く丸める。

ベンチタイム

17

20分、ベンチタイムを取る。バターロール形にする時は、この途中の10分後にラッキョウ形にする。（→P.19）

Chef's comment　**捏ね上がりからベンチタイムについて**

Bread making tips
〈パン作りのコツ〉

●生地温度
　パン生地作りでは温度が大切です。生地は28～29℃を目標にしてください。そのためには夏場は冷たい水を使い、冬場は温かいお湯を使います。プロはそのために厳格に水の温度管理をしますが、初心者のうちは温度管理をしているという気持ちだけで結構です。P.17のように、石製の作業台に温水(冷水)を置いて作業するのも一案です。

●生地発酵（一次発酵）とパンチ
　ボウルに入れてラップしたパン生地の発酵場所は27℃、75%を目標にしますが、これも目標があるということを知っていただければ、環境の許す範囲で結構です。
　可能なら保温性のいい発泡スチロールの箱の中にパン生地を入れ、お風呂場の湯船の上に浮かせたり、コタツの中に入れたり、あるいはお部屋の一番暖かそうなところにボウルにラップをかけて置いてください。知っていただきたいのは、温かい空気ほど軽いということです。つまり同じ部屋なら天井付近が温かいですし、床付近が涼しいということです。
　そうして60分経過したらパンチを入れます。パンチのタイミングは「指穴テスト」でみます（右写真参照）。
　パンチは、これまで発生したガスを軽く抜き、丸めかえることです。目的はいろいろありますがパン生地に力をつけること。パン生地の弾力を強くして腰高のふっくらしたパンに焼き上げることができます。

●分割・丸め
　40～50gが一般的です。1回でちょうどに切り分けるのは難しく、足したり引いたりしますが、そのとき生地は引きちぎったりせず、必ずセルベラ（またはスケッパー、ドレッジ、カードなど）で切り取り、生地をできるだけ傷めないようにします。
　分割したパン生地は丸めますが、初めてではうまくいきません。そんな時は、パン生地を2つに折りたたんでください。次に、上面は変えずに90度ずらしてまた2つに折ります。この操作を4～5回繰り返すと、表面の滑らかな丸になります。

●ベンチタイム
　生地発酵をとったのと同じ場所に、パン生地が乾かないようにして10～20分置きます。この時間を取ることで硬く、しまっていたパン生地が柔らかく、成形しやすい状態に変化します。

グルテンチェック
指先で生地を延ばしてみると、グルテンがどのくらいつながったかがわかります。詳細→P.85

指穴テスト
粉をつけた中指を生地中央に深く差し込みます。指を抜いても生地に穴がそのまま残っていればちょうどパンチのタイミングです。

バターロール形にするものは、ベンチタイム10分後にラッキョウ形にします。

ITEM. 01 / TABLE ROLLS

成形

18 バターロール

ラッキョウ形の生地を二等辺三角形に延ばし、底辺のほうから軽く巻く。

19 リボン

細長く伸ばした生地を3つ折りにして置く。左右の端を中央で交差させ、端を下に巻き込む。

20 三つ輪

生地を細長く伸ばし、三等分の印をつける。片方の端を持ちあげて二つの印を交差させ、もう片方を穴の中に入れる。残った端を反対側に巻き込む。

21 フラワー

生地を長く伸ばし、指に巻いて両端部分の片方を上から、もう片方を下から輪に通し、裏でつなげば花弁なしのフラワーになる。一方、最後に下から通す端を長めにとって中央部に頭を出せば、花弁のあるフラワーになる。

Chef's comment　成形について

●成形
　理想は丸形（ロール）です。分割して丸めた方法で再度挑戦してください。でも、テーブルロールというとバターロールをイメージする方が多いと思うので、その成形をするときはベンチタイムの途中10分ぐらいのところで丸形をラッキョウ形にし、さらに10分ほどたったところでめん棒を使って薄く延ばし、広い方からくるくると巻いて3～4層にまるめます。
　成形が終わったらオーブン用の天板にバターを塗り、均等にスペースを開けて並べます。パン生地はホイロ、オーブンと進むうちに3～4倍に膨らみますのでそのことを考えてゆったり並べてください。

Bread making tips
〈パン作りのコツ〉

生地を細長く伸ばすための準備

平らにします。

裏返して向こう側、手前側と三つ折りにします。

両親指で中央を押さえます。

向こう側から二つ折りにして閉じます。

10cm余りの棒状に伸ばしておきます。

22　カレーパン

生地を丸く延ばし、カレーフィリングを包む。閉じ口をつまみ、ぬらしたキッチンペーパーに生地の上面をつけ、水気をつけてパン粉をつける。丸形にも船形にもできる。

ITEM. 01 / TABLE ROLLS

ホイロ（最終発酵）・焼成前作業

乾燥注意！ 適温キープ！

23

バターを引いた天板の上でホイロを50〜60分とる。（この間に、オーブンを予熱する。底に蒸気用の天板を入れて210℃に設定。）

24

ホイロ後、上面に塗り卵をていねいに塗る。

25

パン生地を入れる直前に底の蒸気用の天板に200mlの水を注ぐ（急激に発生する蒸気に注意）。こうすることで家庭用オーブンの欠点である乾燥焼きが防げる。

焼成

26

続いてすぐにパン生地をのせた天板を入れる。（上下段ある場合は下段に入れる。天板は1回に1枚ずつ）。扉を閉めたら設定温度を200℃に下げる。

27

焼成時間は8〜10分。ただし、焼きムラがある場合は、焼き色がついたころ、一度オーブンを開けて天板の前後を入れ替える。

28

全体においしそうな焼き色が付いたらできあがり。取り出して作業台の上10〜20cmの高さから天板ごと落とす。

2枚目の天板を入れるとき

オーブンの温度設定をもう一度210℃に上げ、24から25、26、27、28を繰り返す。

Chef's comment

ホイロから焼成について

●ホイロ（最終発酵）／焼成前作業

32℃、80%を目標に、高めの温度で最終発酵をとります。パン生地の表面を乾かさなければ、温度は低くてもかまいませんが、そのかわり時間がかかります。本来、最終発酵はゆっくりとった方が味は良く、パンも安定しますので、パン生地表面を乾かさないように注意していただければどんな場所でもかまいません。たとえば、天板ごと入る大きめのふた付き発泡スチロールの箱があれば、温めのお湯と小さな台を入れ、天板を入れた状態でパン生地が2～2.5倍になるまで発酵をとります。箱などなければ、ラップをパン生地に触れないようにかけて室温に放置してもかまいません。

そうして最終発酵（ホイロ）を終えたパン生地は、表面を軽く乾燥させて、塗り卵をします。卵100に水50、それに塩少々入れてホイッパーで均一に混ぜて、あらかじめ準備しておきます。

●焼成

200℃で8～10分の最終工程です、焼き過ぎても、焼きが甘くても台なしです。これまで苦労して作ってきたのですから、この時間はオーブン（窯）の前から離れないことです。オーブンによっては庫内の前後左右で焼き色にムラの出るものがあります。その時は天板を前後左右入れ替えて均一な焼き色になるよう調整してください。

全体が美味しそうな焼き色になったら、オーブンから天板ごと取り出し、天板ごと作業台に10～20cm上から落としてショックを与えてください。こうすることでパンの焼き縮みを避けることができます。（詳細→ P.94）

Bread making tips
〈パン作りのコツ〉

オーブンには一度に1枚ずつ入れるので、待っている1枚は乾燥しないように注意しながら低温環境に置いておく。

包装

粗熱がとれたら、早目に包装（ポリ袋）してください。室温に放置すると、どんどん香りと水分が飛んでしまいます。

応用編

生地をとり置いて、後日焼く方法

1. 分割時、必要な数を取った残りの生地をポリ袋に入れ、1～2cmの厚さに均一に延ばして冷蔵庫で保管します。これで冷蔵熟成することになります。

2. 翌日または翌々日、生地を冷蔵庫から取り出し、暖かいところに1時間ほど置きます。
3. 生地が17℃以上になっていることを確認し、15. の作業から続けます。
4. 3日以上置きたい場合は、冷凍保存してください。その場合でも1週間以内を目安に焼いてください。焼きたい前日に生地を冷凍庫から冷蔵庫に移して「上記2.」から始めます。

ITEM. 02

食パン

WHITE BREAD

食パンは、できれば家庭で毎日、気軽に作れるようになりたいパンではないでしょうか？ このパンはシンプルな配合のため、作るのは難しいパンですが、「しっかりミキシングをする」というポイントを押さえれば成功への道は開けます。後は、パン酵母を信じて生地の中のパン酵母を大切に育てることで、ふっくらと香りのよいパンが焼き上がります。

工　程	
■ ミキシング	手仕込み（40 回↓IDY10 回　AL20 分 150 回　↓塩・バター 150 回）
■ 生地温度	27 ～ 28℃
■ 発酵時間（27℃、75%）	60 分　パンチ　30 分
■ 分割・丸め	323 g × 2
■ ベンチタイム	20 分
■ 成形	ドック形に成形し、うず巻き
■ ホイロ（32℃、80%）	山形：60 分（プルマン形：40 分）
■ 焼成（210 → 200℃）	25 分

IDY：インスタントドライイースト　AL：オートリーズ

配合（材料）

Chef's comment　材料の選び方

食パン1斤型1個分

材料	粉320g（1斤分）の場合	ベーカーズ%（%）
小麦粉（パン用粉）	320	100
インスタントドライイースト（赤）	5.3	1.5
塩	7	2
砂糖	21	6
バター	17.5	5
牛乳	105	30
水	150.5	43
合計	645.8	187.5

パン用粉（強力粉）を使います。パン用粉であれば何でもかまいませんが、使う小麦粉の種類で水の量や、最終的なパンのボリュームに違いが出ます。でも、美味しいパンが焼き上がりますので、あまり気にしなくて大丈夫です。

これもテーブルロールと同じものを使います。もし、パン酵母（生）が手に入るならそれでもかまいません。他の形状のパン酵母でもできます。その場合の分量の調整はP.71に紹介しています。

塩であれば何でもかまいません。粒の状態で加えることがほとんどです。パン酵母と塩を接触させないことも大切です。この本ではパン酵母を生地に練りこんだ後に塩を加える「後塩法」を採用しています。

砂糖であれば何でもかまいません。使用料は標準的には6%ですが、プロでも2～12%とお店によって様々です。10%までは甘いというよりは濃い味の美味しいパンという印象が強いようです。お子さんに食べてもらうなら少し多めのご使用が良いかもしれません。

固形油脂であれば何を使ってもパンはソフトでボリュームが大きくなります。せっかくなら風味の良いバターを使いましょう。オリーブオイルでもかまいませんが、液状油の場合はパンのボリュームは少し小さくなります。

いつもご家庭にある牛乳でかまいません。パン屋さんでは利便性やコストの面から全脂粉乳、脱脂粉乳、練乳なども使います。

水道水でかまいません。こだわって、ミネラルウォーター、特に硬度の高いコントレックスなどを使う方もいますが、特殊な製法、パンを目指しているわけではありませんので、水道水で充分です。

ITEM. 02 / WHITE BREAD

ミキシング

1

ポリ袋に粉と砂糖を入れ、空気を含ませてよく振る。片方の手で口を閉じ、もう片方の手で袋の底角を押し入れて振ると、袋が立体的になって粉が混ざりやすくなる。

2

牛乳と水も袋に加える。

3

再びポリ袋に空気を入れて立体的にし、パン生地を袋の内壁にぶつけるように強くしっかり振る。

4

ある程度塊になってきたら、袋の上からしっかりもむ。

5

袋を裏返してパン生地を作業台の上に出す。袋についた生地はセルベラでこそげとる。

6

作業台の上で生地を押して「のばす」と戻して「たたむ」を1回と数えて40回ほどもみ、インスタントドライイーストを加えてさらに10回ほどもむ。

7 乾燥注意！適温キープ！

ここで、ミキシングを休んでオートリーズをとる。生地を丸め、閉じ口を下にしてボウル（うすくバターを塗っておく）に入れる。乾かないようにラップをして20分おく。

オートリーズ→詳細 P.83 参照

オートリーズ前　オートリーズ20分後

8

インスタントドライイーストが均一になるよう混ぜ込んでいく。150回をめどにもむ（捏ねる）。

Chef's comment　ミキシングについて

Bread making tips
〈パン作りのコツ〉

● ミキシング

　基本的にはテーブルロールのそれと同じです。
　ポリ袋に粉と砂糖、さらに空気を入れてシャカシャカと混ぜ、液体を入れたあとは袋の内壁に叩きつけるように激しく強く振って、生地を一つにまとめてください。
　ある程度生地がまとまったら、ポリ袋の上からパン生地をもみ、袋を裏返して中の生地を作業台の上に出します。ポリ袋の中にこびりついている生地もセルベラでていねいにこそげとってください。これも計量した生地の分量のうちです。そして、生地をさらに40回ほどもみ、インスタントドライイーストを加えてさらに10回もんでください。
　副材料の量が少ないのでグルテンの結合、延びは早く、テーブルロールよりは楽にミキシングができます。しっかりミキシングするとグルテンが強く結合し、薄く延びてパンはソフトでボリュームは大きくなります。いい加減にミキシングするとボリュームはほどほどですが内相に黄色みがあり、味の濃い、コクのある食パンが焼けます。
　ここでも、ただ材料を混ぜて「休む」というオートリーズの手法を使います。材料がなじんだら、あるいは「たたく、延ばす、たたむ」のようなミキシング作業に疲れたときにもおすすめです。
　ミキシングがどのくらいできたかを確認するのにグルテンチェックという方法があります（P.85参照）。少量のパン生地をつまみ、両手の指先でもみ解すように生地をゆっくりと広げます。最初はうまくいきませんが、何度も繰り返すと薄く広く延ばせるようになります。これはパン作りの基本動作ですから、とにかく繰り返して練習することです。
　オートリーズをとると、その後の作業がぐんと楽になります。20分後、再び「延ばす」「たたむ」の反復動作を150回をめどに行います。続いて塩とバターをパン生地にすり込んでいきます。この時も生地とバターを小分けにして、少量のパン生地を延ばしては小分けしたバター、塩を混ぜ込み、またその上に少量のパン生地を重ねてと、同じことを繰り返します。
　このあと「延ばす」「たたむ」の反復動作を150回したらグルテンチェックをしてみます。パン生地が写真（P.28 ⑩）のように薄く延びれば生地はできあがりです。

作業台の温度調整

大きめのポリ袋にお湯（夏場は冷水）を1ℓほど入れて空気を抜き、こぼれないようにしっかり栓をしたものを作業台の空きスペースにおき、時々作業スペースを交代します。作業台を温めながら（冷やしながら）ミキシング作業を進めるほうが、室温の調整より効果的です。作業台は写真のような石製が蓄熱性にたけています。お試しください！

ITEM. 02 / WHITE BREAD

9

生地を広げ、塩とバターを加える。

10

「のばす」「たたむ」のセットを150回繰り返し、生地をつないでいく。生地を小さく切って延ばしては重ねる（P.17参照）を繰り返すと効率がよい。

生地温度

11

捏ね上げた生地の温度を確認する(27〜28℃が望ましい)。

発酵（一次発酵）

12
乾燥注意! 適温キープ!

生地をまとめ、7のボウルに戻す。乾燥させないようにラップをかけ、27℃に近いところで60分発酵をとる。

13
ほどよく膨らんだら、指穴テスト（P.29参照）をして発酵状態を確認してボウルから出す。

14
乾燥注意! 適温キープ!

軽くパンチを入れ、まとめなおしてボウルに戻し、ラップをし、12と同じ環境でさらに30分発酵をとる。

分割・丸め・ベンチタイム

15

生地を2分割する。

16

軽く丸めなおす。

17
乾燥注意! 適温キープ!

20分、ベンチタイムを取る。

28

Chef's comment　捏ね上がりからベンチタイムについて

Bread making tips
〈パン作りのコツ〉

●生地温度

食パン生地は 27 〜 28℃を目標に捏ね上げます。そのためには夏場は冷たい水を、冬場はやや温かいお湯を使うようにしますが、初めのうちはその加減も難しいので、温度管理をしているという気持ちだけで結構です。

●生地発酵（一次発酵）とパンチ

ボウルに入れてラップしたパン生地の発酵場所は 27℃、75%を目標にしますが、これも目標があるということを知っていただければ、環境の許す範囲で結構です。

捏ね上がりの生地温度を確認するのは、27℃から遠く離れていた場合、早めに対策をとるためです。生地温度や周囲の温度環境が確認できると、発酵時間の予測が立ちやすくなります。すなわち、27℃より低ければ発酵時間は予定以上に長くなりますし、高ければその逆です。詳しくはステップ 3 で説明します。

60 分経過をめどに「指穴テスト」をしてパンチのタイミングを確認します。パンチ後、軽くまとめなおしたら、再びボウルに入れてラップをして同じ環境にさらに 30 分おきます。

●分割・丸め

食パンの場合は必ず食パン型を使いますので、その型にあった生地量を把握しておいて分割しなければなりません。ここで大切なのは、自分の持っている食パン型の容積を知っておくことです。食パン型を買う時に聞いても良いですが、必ず一度は自分で実測してください。
→詳細 P.89

分割した生地を丸めるのは誰でもはじめ、苦労します。でも、ここでの丸めは上手にしてはいけません。へたくそに、いい加減に丸めてください。ここでしっかり丸めると逆効果になります。次の工程であるベンチタイムがいたずらに長くなり、パンの出来が悪くなるからです。

●ベンチタイム

生地発酵をとったのと同じ場所に、パン生地が乾かないようにして 20 分置きます。20 分でパン生地に芯（パン生地中心にあるしこり）がなくなり、すっと成形できるようなパン生地になっていなければ、丸めが強過ぎたことになります。

表面が乾かないように、パン生地に何らかの方法で覆いをしましょう。

指穴テスト

粉をつけた中指を生地中央に深く差し込みます。指を抜いても生地に穴がそのまま残っていればちょうどパンチのタイミングです。

29

ITEM. 02 / WHITE BREAD

成形

18

生地を軽くたたいて楕円形に延ばす。

19

さらにめん棒を使って倍くらいの大きさに広げる。

20

生地の下から、上からと三つ折りにする。

21

閉じ口を指先でしっかり押さえる。

22

中心ラインに沿って押さえる。

23

両手の親指の腹を使って均等な力で押さえる。

24

さらに生地を向こうから手前に二つ折りにし、手前側を閉じてドック状に形を整える。これを2本作る。

25

ドック状の生地を端から渦巻き状に巻く。食パン型の内側にはバターを塗っておく。

26

2つの生地の巻き方向が互いに反対になるように、さらに閉じ終わりが下になるように食パン型に入れる。（こうすることで、互いの生地が反発して焼成後、生地の境目できれいに割れやすくなる。）

Chef's comment　**成形**について

●成形
　この時の丸めはむしろしっかり、ていねいに丸めてください。あるいは、めん棒を使ってパン生地を薄く延ばしたあとは、左の写真とは違って、のり巻き状にくるくる巻いてドック形にしてもかまいません。長いドック形を端からクルクル巻いて巻き終わりを下にして交互に詰めます。
　型にはバターを塗っておきます。

型比容積

パン型の容積に対して、どのくらいのパン生地重量を入れるかを型比容積という数字で表します。角食パンを例にとると市販の角食パンの平均値は4.0程度ですが、家庭製パンではそこまで軽く仕上げるのは難しいでしょうから、今回は型比容積を3.8に設定しました。難しく言いましたが、要は型容積を3.8で割った数値がパン型に入れるパン生地の重量です。逆に言えば、入れたパン生地が3.8倍に膨らんで型の容積になる、ということです。つまり、同じ食パン型を使うとして、数字が小さい方が膨らみが少なく、数字が大きい方がよく膨らんで軽いパンになるという計算です。
どちらにしても、食パン型の大きさにもよりますが、この計算で出たパン生地重量を2～4個に分割してパン型に入れます。
例）実際にパン生地の分割重量を計算してみます。通常の1斤型の容積は1700mlですから、それを3.8で割ると447.4です。これを計算しやすく450gとすると、225gのパン生地を2個詰めることになります。（これはプルマン形の場合ですから、山形食パンの場合とは異なります。）

ITEM. 02 / WHITE BREAD

ホイロ（最終発酵）・焼成前作業

27 乾燥注意！適温キープ！

ホイロを50〜60分とる。山形に焼く場合は、食パン型の縁から1〜2cm程度顔を出すくらいに膨らむとちょうどよい。（この間に、オーブンを予熱する。底に蒸気用の天板を入れて210℃に設定。）

28

ホイロから出したら、表面に霧を吹きかける。

29

オーブンに網天板を入れ（上下段ある場合は下段に）、生地を入れる直前に底の天板に200mlの水を注ぐ（急激に発生する蒸気に注意）。こうすることで家庭用オーブンの欠点である乾燥焼きが防げる。

焼成

30

続いてすぐにパン生地を入れた型を入れる。扉を閉めたら設定温度を200℃に下げる。

31

焼成時間は約25分。ただし、焼きムラが出てきたら、一度オーブンを開けて食パン型の向きを変える。

32

オーブンの天井が低く焦げ付きが気になるときは、コピー用紙のような、やや重みのある紙をかぶせて、辛抱強く中心（所定の時間）まで火を通す。

33

全体においしそうな焼き色が付いたらできあがり。取り出して作業台の上10〜20cmの高さから型ごと落としてショックを与える。

34

すぐ型から出して、平らなスノコの上において、冷ます。

32

Chef's comment　　**ホイロから焼成について**

Bread making tips
〈パン作りのコツ〉

● **ホイロ（最終発酵）／焼成前作業**

　32℃、80％を目標にします。温度が低い分には時間が掛かるだけで問題はありません。お店によっては15℃の低温で一晩かけてホイロ（最終発酵）をとるところもあります。しかし、パン生地の乾きだけは絶対に避けてください。

　また、ふたをして焼く角食形(プルマン形)にする場合は、パン生地の状態・温度にもよりますが、パン生地のトップがパン型の縁から1〜2cm下でオーブンに入れます。

　クラスト（パンの表皮）の薄い、艶のある食パンを焼きたい時は、別の蒸気用天板をあらかじめオーブンの底に入れておき、パン生地の入った食パン型を入れる直前に200mlの水を注ぎます。急激に強い蒸気が出ますので素早く網天板の上に食パン型をのせ、できるだけ速やかに扉を閉めます（火傷をしないように気をつけてください）。

● **焼成**

　パン型の大きさにもよりますが、200℃、25分が目安です。オーブンの扉を開け閉めすると庫内の温度は急激に下がりますので、最初の設定は210℃と高めにしておき、一連の動作が終了したところで設定を200℃に下げて最後まで焼き上げます。

　オーブンによっては焼きムラが出るものもありますから、オーブンから目を離さず、必要に応じて途中で型の前後を入れ替えます。

　オーブンから取り出したらすぐに作業台等の上に落とし、ショックを与えることで焼き縮みを防止します。そのあとは、できるだけ速やかにパン型から取り出してスノコ等の上で冷却します。この時、平らなところであることが大切です。湾曲した台、スノコ等の上で冷却するとケービング（腰折れ）の原因になります。

ふたつき型と蒸気

今回はふたをはずして山形に焼きましたが、ふたをしていても、窯入れ時の蒸気は発生させた方がパンの表面につやが出ます。ふたをしている食パンに蒸気を入れて効果があるのか疑問でしょうが、一度、試していただければわかります。蒸気は型の隙間から入っていきます。

包装

粗熱がとれたら、早目にポリ袋に入れてください。室温に放置するとどんどん香りと水分が飛んでしまいます。

ITEM. 03

菓子パン
SWEET BUNS

小倉あんパン

こしあんパン

栗あんパン

菓子パンの代表はあんパンです。日本人が開発したパンですし、子どもたちにも人気があります。ちょっと頑張ればあんパンマンも作れます。一般に菓子パンといわれているものはどれも同じ生地から作りますので、このパン生地をマスターすればクリームパンやメロンパンもできます。冷蔵庫の中にある総菜を包むと、美味しい焼き込み調理パンにもなります。挑戦してみませんか。

メロンパン

クリームパン

かぼちゃあんパン

工　程

■ ミキシング	手仕込み（40回↓IDY10回　AL20分 200回↓塩・バター150回）
■ 生地温度	28～29℃
■ 発酵時間（27℃、75%）	60分　パンチ　30分
■ 分割・丸め	40～50g
■ ベンチタイム	15分
■ 成形	あんパン、クリームパン、メロンパンほか
■ ホイロ（32℃、80%）	50～60分
■ 焼成（210→200℃）	7～10分

IDY：インスタントドライイースト　AL：オートリーズ

配合（材料）

Chef's comment　材料の選び方

材料	粉250gの場合（g）	ベーカーズ%（%）
小麦粉（パン用粉）	250	100
インスタントドライイースト（赤）	7.5	3
塩	2	0.8
砂糖	62.5	25
バター	25	10
卵	50	20
牛乳	50	20
水	62.5	25
合計	509.5	203.8

40gの生地12個分

- パン用粉（強力粉）を使います。食べ口をさくく、ソフトにするため、あるいはしっとりさせるために薄力粉や中力粉をブレンドすることもありますが、ここではまずはパン用粉だけで作ってみましょう。

- 砂糖が多いのでパン酵母の活性が損なわれます。多めに使うことでそれをカバーします。
あるいは、フランスのパン酵母会社のサフ社製品には耐糖性に優れたインスタントドライイースト（金）というものもありますから、それを使ってもかまいません。一般的に出回っているのは無糖生地に使われるインスタントドライイースト（赤）です。

- 使う量は少量になります。砂糖が多いので味のバランスとパン酵母に対する浸透圧の関係であまり多くは使えません。

- 菓子パン生地は砂糖の多いことが特徴です。基本は25％ですが20〜30％まで、どの量を使ってもかまいません。

- 砂糖が多くバターのおいしさが出づらいので他の油脂、例えばマーガリンでもかまいません。

- パンのボリューム、焼き色をよくしてくれます。必須ではありませんが、使うことが多いです。

- これも必須ではありませんがよく使います。プロは牛乳よりも全脂粉乳、脱脂粉乳、練乳を多く使います。当然、その場合の量はそれぞれに計算して出します。

- いつもの水道水で充分です。

そのほかの材料
- 塗り卵（卵：水＝2：1の割合に少々の塩を加えたもの）
- けしの実
- こしあん、小倉あん、栗あん、かぼちゃあん、カスタードクリーム、メロン皮（→ P.66）　各適量

ITEM. 03 / SWEET BUNS

ミキシング

1

ポリ袋に粉と砂糖を入れ、空気を含ませてよく振る。片方の手で口を閉じ、もう片方の手で袋の底角を中に押し入れて振ると、袋が立体的になって粉が混ざりやすくなる。

2

よく溶いた卵、牛乳、水も袋に加える。

3

再びポリ袋に空気を入れて立体的にし、パン生地を袋の内壁にぶつけるように強くしっかり振る。

4

ある程度塊になってきたら、袋の上からしっかりもむ。

5

袋を裏返して生地を作業台の上に出す。袋についた生地はセルベラでこそげとる。

6

作業台の上で、生地を押して「のばす」と戻して「たたむ」を1回と数えて40回ほどもみ、インスタントドライイーストを加えて、さらに10回ほどもむ。

7 　乾燥注意！ 適温キープ！

オートリーズ→詳細 P.83 参照

オートリーズ 20 分後の生地

この段階で、ミキシングを休んでオートリーズをとる。生地を丸め閉じ口を下にしてボウル（うすくバターを塗っておく）に入れる。乾かないようにラップをして20分おく。

8

ボウルから出し、インスタントドライイーストが均一になるよう混ぜ込んでいく。200回をめどにもむ（捏ねる）。

Chef's comment　ミキシングについて

Bread making tips
〈パン作りのコツ〉

● ミキシング

　このパンも同じく、ポリ袋を使ってスタートします。計量の時に粉だけでなく砂糖や塩もそれぞれポリ袋を使えば、その後もそのポリ袋は塩なら塩専用の袋として再利用できますし、洗い物も少なくなるので頻繁にパンを作るとき、私はそうしています。

　ポリ袋でまず小麦粉と砂糖をシャカシャカと均一に混ざるように振ります。次によく溶いた卵、牛乳、水、空気も一緒に入れて、風船を膨らませたような状態で元気よく振ります。ポリ袋の内壁にパン生地をたたきつけるような気持ちで激しく強く、手を使ってパン生地を一つの塊にします。

　次に、パン生地の中のグルテンの塊がより強くつながるように、ポリ袋の上から生地をもみほぐす動作を続けます。ある程度生地がまとまってきたら、袋を裏返して中の生地を作業台の上に出します。ポリ袋の中にこびりついている生地も、セルベラでていねいにこそげとってください。これも計量した生地の分量のうちです。そして、生地をさらに40回ほどもんでください。それからインスタントドライイーストを加えてさらに10回もみます。この時は、発酵をスタートさせるというよりは、乾燥した状態のインスタントドライイーストに水を復元させるのが目的ですから、不均一な混合で充分です。（むしろ不均一な混合で止めてください。）

　20分のオートリーズをとります。オートリーズとは自己消化、自己分解ともいわれ、あなたが何もしなくてもパン生地のなかで自ら生地がつながっていく現象のことをいい、できたグルテンはこの間に薄く延びてくれます。塊の生地も、見るからに表面がなめらかになります。

　この後、生地を押して「のばす」、戻して「たたむ」という動作を往復で1回と数えて200回ほど捏ねます。

　さらに、バターと塩をパン生地にすり込んでいきます。この時、効率を上げるには生地を小分けにして、その生地をテーブルの上で延ばし、その上にバター、塩を塗りつけ、またその上に少量のパン生地を重ねて広げる、ということを繰り返します。

　全部のバターと塩が混ざったら、パン生地を小さく切っては延ばして重ねて広げる、あるいは、パン生地をテーブルに叩き付けるなどの動作を150回ほど繰り返してパン生地のグルテンをつなげて延ばします。

　グルテンチェックをして、パン生地が薄く延びるようなら生地はできあがりです。

作業台の温度調整

大きめのポリ袋にお湯（夏場は冷水）を1ℓほど入れて空気を抜き、こぼれないようにしっかり栓をしたものを作業台の空きスペースにおき、時々作業スペースを交代します。作業台を温めながら（冷やしながら）ミキシング作業を進めるほうが、室温の調整より効果的です。作業台は写真のような石製が蓄熱性にたけています。お試しください！

ITEM. 03 / SWEET BUNS

9

生地を広げ、塩とバターを加える。

10

「のばす」「たたむ」のセットをさらに150回繰り返し、生地をつないでいく。生地を小さく切って延ばしては重ねる（P.17参照）を繰り返すと効率がよい。

生地温度

11

捏ね上げた生地の温度を確認する（28〜29℃が望ましい）。

生地発酵（一次発酵）

12
乾燥注意！適温キープ！

生地をまとめ、7のボウルに戻す。乾燥させないようにラップをかけ、27℃に近いところで60分発酵をとる。

13

ほどよく膨らんだら指穴テストをしてボウルから出し、軽くパンチを入れる。

14
乾燥注意！適温キープ！

再びボウルに戻してラップをし、12と同じ環境でさらに30分発酵をとる。

分割・丸め

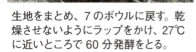

15

40g×12個に分割する。

16

軽く丸めなおす。

ベンチタイム

17
乾燥注意！適温キープ！

15分、ベンチタイムを取る。この間に、中に包むあん（各40g）を個数分計って丸めておく。メロンパンはのせるメロン皮を個数分用意する。(P.66)

Chef's comment

捏ね上がりからベンチタイムについて

●生地温度

28〜29℃を目標とします。これまでと同様、季節を意識して水温度を調節する、あるいはポリ袋に温水または冷水を入れ作業台の温度調整をして、生地温度に気を配ってください。

また、この配合は砂糖が多いため、パン酵母の活性は若干損なわれますので、パン生地温度を高めにしてインスタントドライイースト（パン酵母）が働きやすい環境を作ります。

●生地発酵（一次発酵）とパンチ

27℃、75%の環境を目標にします。この温度、湿度でなければいけないということはありませんが、できる範囲でこの条件に近づけましょう。

大切なのは時間が長いのでパン生地表面を乾燥させないことです。パン生地表面が乾燥してしまうと、パン生地（グルテン）が延びきれませんし、パン生地が温まりにくくなります。

●分割・丸め

1個あたりの生地量は40〜50gを目標にします。最初は作業がしやすいように50gでよいでしょう。ただ、中に入れるものと合わせて考えると、40gがよいかもしれません。

分割したパン生地は丸めますが、ここでも慣れない間はパン生地を2つ折りを繰り返す丸めの方法でよいでしょう。上面は変えないで90度まわして同じことを4回繰り返すのです。これで、表面がなめらかな丸になります。

●ベンチタイム

15分が目標です。丸めて硬くなったパン生地が柔らかくなり、芯がなくなったら成形に移ります。途中、乾燥しないようにラップで覆うかふたをします。

Bread making tips
〈パン作りのコツ〉

指穴テスト
粉をつけた中指を生地中央に深く差し込みます。指を抜いても生地に穴がそのまま残っていればちょうどパンチのタイミングです。

> **応用編**
>
> ### 生地をとり置いて、後日焼く方法
>
> 1. 分割時、必要な数を取った残りの生地をポリ袋に入れ、1〜2cmの厚さに均一に延ばして冷蔵庫で保管します。これで冷蔵熟成することになります。
>
>
>
> 2. 翌日または翌々日、生地を冷蔵庫から取り出し、暖かいところに1時間ほど置きます。
> 3. 生地が17℃以上になっていることを確認し、15.の作業から続けます。
> 4. 3日以上置きたい場合は、冷凍保存してください。その場合でも1週間以内を目安に焼いてください。焼きたい前日に生地を冷凍庫から冷蔵庫に移して「上記2.」から始めます。

ITEM. 03 / SWEET BUNS

成形

18

あんやクリームを包むものは直径8センチほどの円形に延ばす。メロンパンは軽く丸め直す。
※薄く延ばした後、余分な粉は刷毛で払っておく方が閉じやすい。

COFFEE TIME

日本文化を反映する菓子パン

菓子パンの中に、伝統的な小倉あんやこしあんを詰めるときはほぼ丸形ですが、それ以外のものを詰めるときは慣習的に舟形にすることが多く見られます。
また、こしあんのへその部分に桜の花をのせるのは、かつて明治天皇に献上したときの姿です。以後、しばらくの間、庶民のあんパンにへそは作っても桜はのせなかったそうです。

19

あんパン

18に小倉あん、こしあん、栗あんをそれぞれ包み、底を閉じて丸める。

20

栗あんは、栗の形に模して成形する。ぬらしたキッチンペーパーに底面を当てた後、けしの実をつける。

21

かぼちゃあんパンは半円に閉じた後、閉じ口が底面で直線になるようにして舟形にし、上に切れ目を2か所入れる。

Chef's comment　成形について

●成形
　菓子パンにはバラエティ豊富な成形方法がありますが、ここでは、基本的なものに挑戦しましょう。あんは生地と同じ重量に測り、あらかじめ丸めておきます。15分ベンチタイムを取ったパン生地をめん棒で5mm程度の厚さに延ばします。パン生地の真ん中にあんを置き、パン生地を対角線でつまんでくっつけます。90度回転させて再度対角線上でくっつけます。この動作をあと2回、合計4回繰り返すことであんは綺麗にパン生地で包まれていると思います。
　慣れた人はこれを手の平の中で連続的に繰り返しているので魔法のように手早く、きれいな丸形にあんを包んでいきます。あんを包んだパン生地は閉じ口を下にして天板の上に均等に間隔を開けて並べます。ホイロで2倍、オーブンの中でもさらに2倍に膨れますのでそのことを想定して間隔を広くあけて並べてください。

Bread making tips
〈パン作りのコツ〉

こしあんパンの出べそ
パン作りでは必ず「加工硬化」と「構造緩和」を交互に行います。生地に力を加えたら、そのあとは休ませる、ということです。こしあんを成形してすぐにへそを付けるということは、加工硬化のあとに構造緩和を待つことなく加工硬化という作業をしたことになり、生地は反発して「でべそ」になります。そのため成形後10〜15分おいてからへそを付けます。分割丸めのあとにベンチタイムを取るのもこの理屈です。

22

クリームパン

生地をはかりにのせ、重さをはかりながらクリーム40gを絞る。半円形に閉じたあと、中央部分の底面を下から押し上げてやると中のクリームが全体に均一に広がる。接着面に上から3か所切れ目を入れる。

23

メロンパン

メロンパンは、上にのせるメロン皮を、キッチンペーパーでぬらしてグラニュー糖をつけ、砂糖面が上になるように18で丸め直したパン生地にのせる。

ITEM. 03 / SWEET BUNS

ホイロ（最終発酵）・焼成前作業

24　乾燥注意！適温キープ！　　25　　　26

バターを薄く引いた天板にのせ、ホイロを 50～60 分とる。（この間にオーブンを予熱する。底に蒸気用の天板を入れて 210℃に設定。）

ホイロ後、メロンパン以外は上面に塗り卵をする。

パン生地を入れる直前にオーブンの底の蒸気用天板に 200ml の水を注ぐ（急激に発生する蒸気に注意）。こうすることで家庭用オーブンの欠点である乾燥焼きが防げる。

焼成

27　　　28　　　29

続いてすぐにパン生地をのせた天板を入れる。（上下段ある場合は下段に入れる。天板は1回に1枚ずつ）。扉を閉めたら設定温度を 200℃に下げる。

焼成時間は 7～10 分。途中、焼きムラに気づいたら、一度オーブンを開けて天板の前後を入れ替える。

全体においしそうな焼き色が付いたらできあがり。取り出して作業台の上 10～20cm の高さから天板ごと落としてショックを与える。

2 枚目の天板を入れるとき

こしあんパンは、ホイロに 10 分置いてから生地の真ん中を指で下まで押さえ込んで穴を広げ、へそを作る。ホイロ後、塗り卵をする。小倉あんパンは塗り卵をした後、中央にケシの実をつける（めんぼうの丸い部分を塗り卵でぬらしてスタンプがわりにする）。これらの作業と同時にオーブンの設定をもう一度 210℃にする。26～29 を繰り返す。

42

Chef's comment　ホイロから焼成について

Bread making tips
〈パン作りのコツ〉

●ホイロ（最終発酵）
　32℃、80％を上限に、温かい環境に置いてください。この時も表面の乾燥に注意してください。表面が乾燥するとパン生地のボリュームは大きくなりません。さらに、焼いたときにあの美味しそうな焼き色がつかず、白っぽいパンになってしまいます。

●焼成前作業
　パン生地に若干弾力が残っている状態でホイロから出し、少し表面を乾燥させます。そうすることで卵がきれいに塗れるのです。
　塗り卵はテーブルロールと同じ全卵：水：塩が100：50：少々の比率であらかじめ用意しておきます。パン生地表面をきれいに塗り卵したら再度若干乾かし、オーブンに入れます。パン生地は塗り卵をするか、そうしない時は蒸気を入れることでクラスト（パンの表皮）を薄く仕上げ、きれいな艶を出すことができます。

●焼成
　200℃、7〜10分を目標とします。焼き色にムラができてしまった時は途中で前後左右を入れ替えて焼き色が均一になるように調整してください。焼成時間はこの範囲で短い方が艶も良く、皮の薄い状態で焼き上がります。
　黄金褐色、きつね色になったら速やかにオーブンから取り出し、天板ごと作業台の上に落とし、パンにショックを与えます。気をつけなければいけないのはテーブルロール、食パンはパン生地だけなのでショックの強さに制限はありませんが、あんパンは中にあんが入っています。あまり強いショックを加えるとあんの重みであんの下の部分が潰れてしまいます。その点を注意してほどほどの強さでショックを与えてください。

天板が足りない時は
パン生地をのせる天板が足りないときは、ベーキングシートを使ってください。天板があいた後、このまま静かに天板に移せば問題なく焼けます。バターも引かなくてすみます。

ITEM. 04

フランスパン

FRENCH BREAD

多くの方が一番作りたいとおっしゃるパンですが、実は一番難しいパンなのです。ですから、この入門編でも4番目に置きました。という訳で、難しいですが、1回で成功させようと気負わずに、挑戦するつもりで何度も取り組んでください。

シャンピニヨン

フォンデュ

フィセル

タバチェ

工 程

■ ミキシング	手仕込み（40回↓IDY 10回 AL20分 100回↓塩 100回）
■ 生地温度	24～25℃
■ 発酵時間（27℃、75%）	90分　パンチ　60分
■ 分割・丸め	210g、60g×3、10g
■ ベンチタイム	30分
■ 成形	フィセル、シャンピニヨン、タバチェ、フォンデュ
■ ホイロ（32℃、75%）	60～70分
■ 焼成（220→210℃）	20分（フィセル）、17分（その他小物）

IDY：インスタントドライイースト　AL：オートリーズ

配合（材料）

Chef's comment 材料の選び方

フィセル、タバチェ、シャンピニヨン、フォンデュ　各1個分

材　料	粉250gの場合(g)	ベーカーズ%(%)
小麦粉（準強力粉）	250	100
インスタントドライイースト（赤）	1	0.4
モルト（ユーロモルト・2倍希釈）	1.5	0.6
塩	5	2
水	162.5	65
合計	422	168.8

一般にフランスパン用粉と言われている準強力粉を使います。このパンをタンパク質量の多いパン用粉（強力粉）で作ると、パンの引きが強くて噛み切れないパンになります。ですから、もしフランスパン用粉（準強力粉）が手に入らなければ、パン用粉（強力粉）に2～3割のめん用粉（中力粉）を加えて小麦粉のタンパク質量が少なくなるように調整してください。

一般的なインスタントドライイースト（赤）を使います。

砂糖の入らないパン生地には使うことが多い材料です。つまりは砂糖代わりにパン酵母の栄養源となるものとお考えください。大麦を発芽させることでできるアミラーゼという酵素と麦芽糖が入っています。近所で買えない時は行きつけのパン屋さんに分けていただくか、砂糖1％で代替えしてください。

このパンで副材料として入るのは塩のみです。塩にこだわりたい時はこのパンでこだわることをお勧めします。でも、なかなかパンの味にまで反映させるのは難しいようです。

これもこだわりません。水道水で充分です。

モルト
大麦を発芽させてできるアミラーゼ(酵素)と麦芽糖の両方を抽出したものです。粘度が高いので薄めて使いますが、容器についたものも、仕込み水でゆすいで使うようにします。

ITEM. 04 / FRENCH BREAD

ミキシング

1

ポリ袋に粉と空気を入れ、よく振る。片方の手で口を閉じ、もう片方の手で袋の底角を押し入れて振ると、袋が立体的になって粉が混ざりやすくなる。

2

モルトと水を加える。モルトの容器も分量内の水でゆすいで注ぎ入れる。

3

空気を含ませて、パン生地をポリ袋の内壁にぶつけるように強くしっかり振る。

4

ある程度塊になってきたら、袋の上からしっかりもむ。

5

袋を裏返して生地を作業台の上に出す。袋についた生地はセルベラでこそげる。

6

作業台の上で、生地を押したり戻したりで「延ばす」「たたむ」を1回と数えて40回ほどもみ、インスタントドライイーストを加えてさらに10回ほどもむ。

7　乾燥注意！適温キープ！

オートリーズ→詳細 P.83 参照

オートリーズ後の生地は、しなやかになっている。

生地を丸め、閉じ口を下にしてボウルに入れ、乾燥しないようにラップをして20分、オートリーズをとる。

8

100回こねる。

Chef's comment　**ミキシングについて**

Bread making tips
〈パン作りのコツ〉

● ミキシング

　このパンこそ、ポリ袋を使った仕込み方がピッタリです。

　ほかのパンより少していねいに、小麦粉と空気だけを袋に入れてシャカシャカ振ってください。ここでは小麦粉１個１個の粒子の表面を空気でコーティングするような気持ちで振ってください。小麦粉を酸化させるのです。そしてここに温度調整をした水とモルトを加え、再び空気を入れて袋を風船状にし、強く振ります。ポリ袋の内壁にパン生地をたたきつけるような気持ちでこの動作を繰り返します。

　ある程度塊状になったところでポリ袋の上からパン生地をもみ、グルテンのつながりを強くします。その後、パン生地を袋から取り出し、40回ほどもんでインスタントドライイーストを加え、さらに10回ほどもんだら20分、オートリーズを取ります。

　オートリーズの後、さらに「延ばす」「たたむ」を100回程度、続いて塩を加えて同じ作業を100回程度繰り返します。こうして作業台の上ですり込むことでグルテンをつなぐのです。

　グルテンのつながりが弱ければ、べたついた弱い生地になります。したがって焼き上がるパンも見た目には貧弱でボリュームの小さい、クープの弱いパンになりますが、内相は黄色みの濃い、香りの強い、引きの弱い、とても美味しいパンに焼き上がります。

　もし、もう少し見た目に美しくしたければミキシングを強く、長くすることで改善することは可能ですが、味はそれにつれて普通の、つまり一般的にパン屋さんで売っているような標準的なパンに近づきます。この場合は、「ミキシングの弱いパン」のときほどの個性はあきらめざるを得ません。味を取るか、見かけを取るかですが、今回は最初ですから見た目もうまく仕上げたいところです。食パンまではいかないまでも、それなりにグルテンをつなぎましょう。

　とはいえ、人間の手ならどんなにがんばってもやりすぎるほどのミキシングはできません。私の手で100回なら、あなたは２〜３割増し必要かもしれません。

　グルテンチェックでパン生地の膜がやっとできる程度までがんばります。ミキシングが終わったら、生地温度を確認してオーリーズをとったボウルに戻して発酵をとります。

作業台の温度調整

大きめのポリ袋にお湯（夏場は冷水）を１ℓほど入れて空気を抜き、こぼれないようにしっかり栓をしたものを作業台のあきスペースにおき、時々作業スペースを交代します。作業台を温めながら（冷やしながら）ミキシング作業を進めるほうが、室温の調整より効果的です。

ITEM. 04 / FRENCH BREAD

生地温度

⑨
生地を広げ、塩を加える。

⑩
「のばす」「たたむ」のセットをさらに100回繰り返し、生地をつないでいく。

⑪
捏ね上げた生地の温度を確認する（24〜25℃が望ましい）。

生地発酵（一次発酵）

⑫
乾燥注意！適温キープ！

⑬

⑭
乾燥注意！適温キープ！

⑫ 生地をまとめ、7のボウルに戻す。乾燥させないようにラップをかけ、27℃に近いところで90分発酵をとる。

⑬ ほどよく膨らんだら指穴テストをして、ボウルから出して軽くパンチを入れる。

⑭ 再びボウルに戻してラップをし、12と同じ環境でさらに60分発酵をとる。

分割・丸め・ベンチタイム

⑮
生地を210g×1、60g×0、10g×1に分割する。

⑯
それぞれを軽く丸めなおす。

⑰
乾燥注意！適温キープ！

30分、ベンチタイムを取る。生地が乾かないように配慮する。

Chef's comment 捏ね上がりからベンチタイムについて

Bread making tips
〈パン作りのコツ〉

●生地温度

24〜25℃を目標にします。

ミキシングが短いので他のパン生地よりも環境温度にさらされる時間は少なくなります。つまり、ミキシング中のパン生地の温度変化は少ないはずなので、そのことを考慮して水温を決めてください。言い換えれば、寒いところなら少しだけ水温は高めに、ということです。逆なら低めに、ということです。

また、作業台に温水（または冷水）を入れた水袋をのせておくことは、室温よりも有効に生地温度の調整に役立ちます。

●生地発酵（一次発酵）とパンチ

27℃、75%の環境を目標に発酵させる場所を決めます。そこで90分、その後パンチ（パン生地を発酵ボウルから出して、丸めかえます）して、さらに60分の発酵をとります。

この時の発酵ボウルは、平たいトレイではなく、底が丸く湾曲しているボウルを使います。というのは、パン生地のグルテンは形状記憶合金と似た性質を持っていて、発酵時の形がオーブンの中で再現されるのです。そのため最終形状に似た発酵容器をご用意ください。

●分割・丸め

家庭用オーブンの大きさ、天板の大きさを考慮して、大きくても1つ150〜250gまでをめどに分割してください。成形したパン生地の大きさからホイロ、オーブンと発酵させることで約3〜4倍になることをイメージしてそれぞれの大きさを決めます。

丸めは軽くで結構です。先ほどの形状記憶合金の性質を思い出して、最終的に成形する形を想像しながら長い成形なら長めに、丸なら軽く丸めておきます。

●ベンチタイム

他のパン（10〜20分）よりも時間がかかります。発酵をとったのと同じ環境で30分前後を考えてください。ここでもパン生地が乾かないように、そして冷えないようにご注意ください。

指穴テスト

粉をつけた中指を生地中央に深く差し込みます。指を抜いても生地に穴がそのまま残っていればちょうどパンチのタイミングです。

ITEM. 04 / FRENCH BREAD

成形

18

タバチェ

タバチェ（たばこ入れ）形を作る。60gの生地の3分の1をめん棒で薄く延ばす。延ばした生地にオリーブオイルを塗り、その上に延ばしていない部分の生地をのせてホイロをとる。

19

シャンピニヨン

シャンピニヨン（きのこ）形を作る。10gの生地を平らに延ばしオリーブオイルを塗る。60gの丸い生地を軽く丸め直し、10gの生地のオイル面を下にして載せ、中央を中指で押さえつける。

20

フォンデュ

フォンデュ（ふたご）形を作る。60gの生地を軽く丸め直し、中央に帯状にオリーブオイルを塗る（あとできれいに割れるように）。その上から丸箸で押さえ、中央に太めの平らな部分を作る。片方の丸い生地を平らな部分に巻き込むように折り込む。

21

フィセル

フィセル（ひも）形を作る。210gの生地を軽く叩く。

向こう側と手前からと二つ折りにして中央を押さえる。

左右の飛び出ている部分を中に折り込む。

50

Chef's comment 　**成形**について

Bread making tips
〈パン作りのコツ〉

●成形

　プロのパン屋さんでも一番難しいのがフランスパンの成形です。例えばフィセル（バゲットより細いフランスパン）は、ここでお見せした方法はプロのやり方ですから、慣れないうちはパン生地をめん棒で薄く延ばし、端からくるくるとのり巻きを作る要領で棒状にしてかまいません。

　乾いた布（できればキャンバス生地）の上に手粉を薄く引いたところへこの生地の巻き終わりを下にして乗せ、両側からキャンバス生地でひだをよせて、パン生地が横にだれないように支えます。この時のひだの幅がポイントで、せますぎるとパン生地が窮屈になって最終発酵（ホイロ）中に生地肌が切れ、広すぎるとパン生地がだれて腰のないフランスパンに焼き上がります。一般的には、成形したパン生地の両側に人差し指1本分の余裕をとってひだを作るのが理想です。ひだの高さにもご注意ください。低すぎるとホイロの途中で隣の生地とくっついてしまいます。

　写真では、このほかフランスで伝統的に食事パンに供されているタバチェ（たばこ入れ）、シャンピニオン（きのこ）、フォンデュ（ふたご）といった小物の形もご紹介しました。

> **応用編**
>
> **生地をとり置いて、後日焼く方法**
>
> 1. 分割時、必要な量を取った残りの生地をポリ袋に入れ、1〜2cmの厚さに均一に延ばして冷蔵庫で保管します。これで冷蔵熟成することになります。
> 2. 翌日または翌々日、生地を冷蔵庫から取り出し（生地温度約5℃）、暖かいところに1時間ほど置きます。（室温にもよりますが、20℃前後に上昇しています。）
> 3. 生地が17℃以上になっていることを確認し、15.の作業から続けます。
>
> ※ フランスパン以外のパン生地は冷凍保存も可能ですが、砂糖もバターも入っていないフランスパン生地には冷凍は向きません。残念ですが、2〜3日の冷蔵熟成が限界です。

向こう側から二つ折りにする。

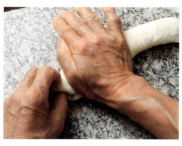
手前の閉じ口を、手のひらの付け根で押さえていく。

ITEM. 04 / FRENCH BREAD

ホイロ（最終発酵）・焼成前作業

22

P.51（成形について）の方法で布の上に生地をのせ、60〜70分ホイロをとる。小物（18、19、20）は表面を下にすること。（オーブンを予熱する。底に蒸気用の天板を入れて、オーブン用の天板を裏返しにして上下段ある場合は下段に差し込んでおく。220℃に設定。）

23

硬い板か厚いボール紙で、パン生地をオーブン挿入用の板（または厚いボール紙。24写真参照）の上に移す。このとき、個々のパンの下にはベーキングシートを敷いておく。

24

フィセル形には、ここで1本のクープを入れる。

焼成

25

24の板をオーブン内の奥まで入れ、裏返して差し込んである天板の上にパン生地をベーキングシートごと落とす。

26

直後にオーブンの底の蒸気用天板に50mlの水を注ぐ（急激に発生する蒸気に注意）。この生地は蒸気が多すぎるとクープが出ない。扉を閉めて、設定温度を210℃に下げる。

27

焼成時間はフィセル形で20分、ほかの小物は17分がめど。ただし、焼きムラが気になったら一度オーブンを開けて天板の前後を入れ替える。

28

表面のつやが不足していたら、途中、オーブンを開けてパンに直接霧を吹きつける。

29

全体においしそうな焼き色が付いたらできあがり。1個ずつ、軽く作業台にポトンと落とすくらいでショック効果はある。

 **ホイロから焼成について**

●ホイロ（最終発酵）

32℃、75%の環境で最終発酵をとります。おおよそ60～70分です。ホイロを長くとった方がボリュームも大きく、軽いパンが焼けますが、なかなか最初は程よい加減の見極めが難しいので、触ってみてパン生地の抵抗が弱くなった(跳ね返さなくなった)と思う頃に窯入れをしてください。慣れてきたら少しずつホイロ時間をのばしていきます。

●焼成

210℃、20分を目標にします。まず天板を裏返しにしてオーブンにあらかじめ入れておきます。同時に、蒸気用の天板もオーブンの底に入れておきます。

天板と同じ大きさの板にベーキングシートを敷き、その上にホイロから出したパン生地を巻き終わりの部分を底にして置きます。小物は下になっていた面を上にしておきます。表面を軽く乾かし、フィセル形の表面にはクープナイフ（両刃のカミソリを割り箸に挿してもよい）で切れ目を入れます。初めての時は難しいのでパン生地の表面に対して斜め45度の角度で深さ5mm程度に切れ目を入れてください。パン生地の真ん中を縦に一文字に切ります。

用意ができたらあらかじめ入れておいた、裏返しの天板の上にパン生地をベーキングシートごと差し入れ、板をすばやく引きます。うまく天板の上にパン生地がのったら、あらかじめ入れておいた蒸気用天板に50mlの水を素早く注ぎ入れ、扉を閉めます。急激に蒸気が発生していますので、その蒸気がオーブンの中にとどまるように気を付けます。

それでもこれら一連の動作でオーブン内の温度は急激に下がりますので始めの設定温度は10℃高めの220℃に設定しておいてください。全ての動作が終わって扉を閉めたところで、210℃に設定を変えて最後まで焼きます。焼き色にムラができた時は途中で前後左右を入れ替えて、均一な焼き色になるよう調節します。

焼成が終了したと思った時にパンをオーブンから取り出します。もし気持ちに余裕があれば、パンの重量を計ってください。焼減率が22%あれば完璧な焼成です。

焼き上がったら冷たく硬い有塩バターをのせてかぶりついてください。美味しいですよ！

Bread making tips
〈パン作りのコツ〉

生地を移動させる板

ホイロ後、パン生地を窯入れ用の板（またはダンボール紙）に移すための板かダンボール紙は、ストッキングやタイツのような伸縮性のある化学繊維の生地で包むとパン生地がべたつかないのでおすすめです。

ピザストーンについて

パン屋さんでフランスパンを焼くときは、通常、石床のオーブンを使います。ピザストーン（石、あるいは練り物のスレート製）をお持ちの方は使いたいでしょうが、家庭用の電気オーブンやガスオーブンでの加熱では蓄熱が十分できません。そのため、もしこれを使うとかえって下火が弱いことになり、底の白いフランスパンになってしまいます。残念ですがピザストーンは使わず、反転した天板で焼いたほうが賢明だと思われます。（ただし、300℃以上に上がるオーブンをお持ちなら、60分以上の予備加熱でピザストーンを使うことも可能です。）

焼減率

オーブン内でどれだけの水分が飛んだかを確認する数値のことです。もしこのフランスパンの生地の分割重量が210gなら、焼き上がったパン重量が164gであれば、焼減率22%となり、理想的です。（詳細→P.94）

ITEM. 05

クロワッサン
CROISSANT

クロワッサン

パン・オ・ショコラ

このパンはこれまでの4種類のパンとは異なり、バターのロールイン（パン生地とパン生地の間にバターを入れる）という工程が入ります。あの魅力的な層状の内相(ないそう)に仕上げるのです。ポイントさえ外さなければ意外に簡単にできます。そのポイントとは「バターの硬さと生地の硬さを揃える」です。ここは気合を入れて取り組んでください。

工 程

■ ミキシング	手仕込み（40回↓IDY50回　↓塩50回）
■ 生地温度	22～24℃
■ 放置時間	30分
■ 分割	なし
■ 冷凍	30～60分
■ 冷蔵	1時間～一晩
■ ロールイン折り込み	四つ折りを2回
■ 成形	二等辺三角形（10×20cm、45g）
	正方形（9×9cm、45g）
■ ホイロ（％パン、75%）	50～60分
■ 焼成（220→210℃）	8～11分

IDY：インスタントドライイースト

配合（材料）

Chef's comment　材料の選び方

フランスパン用粉（準強力粉）を使います。パン用粉（強力粉）では食べた時の引きが強く、サク味に欠けます。なければパン用粉に20％程度、中力粉あるいは薄力粉をブレンドしてください。

低糖用を使います。つまり一般的なインスタントドライイースト（赤）です。この生地は低温に捏ね上げますので、かなり低温の水で生地を仕込みます。したがって、インスタントドライイーストを小麦粉に混ぜてから水を加えると、温度が急激に下がりすぎてパン酵母の活性が損なわれます。小麦粉、砂糖に温度調整をした水を加えて生地を作った後に、パン生地温度が15℃以上あることを確認してから加えてください。

お台所にある、いつもの塩で結構です。

いつも使っている砂糖で結構です。

美味しいクロワッサンを作るのですから、ここではぜひ、バターをお使いください。ミキシングが短いので、ある程度ペースト状にしてミキシングの最初から加えます。

お台所にある、いつもの飲みかけのもので結構です。

このパンは他のパンと違って25℃以下、できれば22℃くらいのパン生地温度に仕上げたいので、冷水を使います。前日から、ペットボトルに水道水を入れて冷蔵庫で冷やしておいてください。夏場はこのペットボトルの冷水が、他のパン生地の仕込みにも活躍します。

45gの生地12個分

材料	粉250gの場合(g)	ベーカーズ%（%）
小麦粉（フランスパン用粉）	250	100
インスタントドライイースト（赤）	7.5	3
塩	5	2
砂糖	15	6
バター（ペースト状）	12.5	5
牛乳	75	30
水	75	30
ロールイン用バター	125	50
合計	565	226

そのほかの材料
塗り卵（卵：水＝2:1の割合に塩少々を加えたもの）　適量
フィリング用チョコレート　適量

55

ITEM. 05 / CROISSANT

ミキシング

1

ポリ袋に粉と砂糖を入れ、空気を含ませてよく振る。片方の手で口を閉じ、もう片方の手で袋の底角を中に押し入れて振ると、袋が立体的になって粉が混ざりやすい。

2
ペースト状に柔らかくしておいたバターとよく溶いた卵、牛乳、水も加える。

3

再びポリに空気を入れて立体的にし、パン生地を袋の内壁にぶつけるように強くしっかり振ると、生地はもろもろとしてくる。

4

ある程度塊になってきたら、袋の上からしっかりもんで生地をつなぐ。

5

袋を裏返して生地を作業台の上に出し、40回ほどもむ。

6

再び生地を広げ、インスタントドライイーストを加える。

7

50回ほどもみこむ。

※クロワッサンはグルテンをそれほどつなげる必要がないのでオートリーズは取りません。

8

再び生地を広げて塩を加える。

Chef's comment　ミキシングについて

Bread making tips
〈パン作りのコツ〉

●ミキシング

　この生地は、最初のミキシングの段階ではフランスパンよりさらにグルテンの結合は弱めで、つまりグルテンを強く出す必要はありません。そしてその後の、生地にバターを層状に折り込む作業がミキシングにあたります。

　したがって、はじめからしっかりミキシングして生地がつながりすぎてしまうと、バターを折り込む時に生地を延ばすのに苦労しますし、結果としてオーバーミキシング（ミキシングのし過ぎ）になります。ちなみにこの生地は、オートリーズも取りません。

　このパン生地も、ポリ袋で作るのが適しています。あらかじめ粉体だけを袋に入れてシャカシャカ均一に混合します。次に室温でペースト状にやわらかくしておいたバターと冷たい牛乳、水、さらに空気を入れ、再び口を閉めて強く振ります。袋の内壁にパン生地をたたきつけるような気持ちでがんばってください。

　袋の中で生地はもろもろ（大きな塊）としていますから、途中から袋を台において、上からもみます。ある程度まとまったら、生地を袋から出し、40回ほどもんでからインスタントドライイースト（赤）を加えて50回ほどもみ込みます。インスタントドライイーストが生地に馴染んだところで塩を入れてさらにもみます。

　何度も言いますが、グルテンを強く出す必要はありません。加えた全ての材料が均一に混ざり、ある程度べたつきがなくなればそれで充分です。かためのパン生地でスタートと思ってください。

　この生地は他のパンより低い温度に捏ね上げるので、気温が高い時など、室内の温度調整に加え作業台を冷水袋で冷やしながら作業してください。空調より効果的です。

作業台の温度調整
大きめのポリ袋に冷水を1ℓほど入れ、作業台のあきスペースにおき、時々作業スペースを交代します。生地温度の調整には作業台を冷やすほうが室温の調整より効果的です。作業台は写真のような石製が蓄熱性にたけています。

ITEM. 05 / CROISSANT

生地温度

⑨

50回ほど、「延ばす」「たたむ」を繰り返す。

※生地はこの程度つながっていれば良い。

⑩

捏ね上がりの生地温度を測る(22〜24℃が望ましい)。

放置時間

⑪
乾燥注意！適温キープ！

ボウルに均一にバターを塗り、まとめた生地の閉じ口を下にして入れる。27℃に近いところで30分発酵をとる。(発酵というより、生地を休ませるイメージ)※この間に、ロールイン用バターを準備する。→P.59参照

⑫

30分後、ポリ袋に入れる。

⑬

ポリ袋の上からめん棒で押さえ、1cmの厚さに延ばす。

⑭
乾燥注意！

冷凍庫に入れて
30〜60分、
充分に冷やす。

→ 充分冷えたことを確認

⑮
乾燥注意！

冷蔵庫に移す。このあと
60分から一晩かけて
冷蔵熟成をとる。

Chef's comment 捏ね上がりから生地冷蔵について

Bread making tips
〈パン作りのコツ〉

●生地温度
生地温度は25℃以下、22℃を目標とします。通常のパンより低めに捏ね上げるためには、最初の材料の温度から気を使いたいものです。粉は室温、水道水も夏場は冷たくはないですから、それぞれの温度を意識し、ミキシング環境も含め、低めに仕上がるようにします。

●放置時間
ここでは、生地発酵というより、生地の放置時間とお考えください。ミキシングでつないだパン生地に緩みが出て滑らかになれば結構です。乾かないようにして、暑くない室温に放置して約30分発酵をとります。（この30分の間に、折り込むバターの準備をします。右参照）その後はポリ袋に入れて冷却します。冷蔵庫内で発酵と熟成がゆっくり進んでいきます。

●分割
今回の仕込みの量では分割の必要はありません。パン屋さんの場合は一度に大量に仕込むので、できた生地を冷やす前に分割という作業があります。

●冷凍
ポリ袋にパン生地を入れたら袋の上からめん棒で1cmの厚さに薄く広げてください。この作業でパン生地は冷えやすく、また、室温に戻したい時も温まりやすくなります。

30〜60分、冷凍庫で冷やします。パン生地の周辺が凍るくらいで結構です。完全に凍っている場合は寝る前にパン生地の入ったポリ袋を冷凍庫から冷蔵庫に移してください。

翌日、ロールイン作業をする時、冷蔵庫からパン生地を取り出します。その15〜30分ほど前に前日から準備をしておいたバターを冷蔵庫から出して室温に戻して、バターを延びやすい状態（硬さ）にしておきます。

ロールイン用バターの準備

①バターを同じ厚さに切って、厚手のビニール袋（できれば幅20cmのものが便利）に入れます。

②はじめは、手で押さえてつぶします。隙間ができないようにしてください。

③めん棒でたたいたり、押さえたりしてのばします。

④20cm四方の正方形になったら、早めに冷蔵庫に入れます。

※バターはロールイン作業をはじめる15〜30分前に冷蔵庫から出し、パン生地と同じ硬さにしておきます。

ITEM. 05 / CROISSANT

ロールイン・折り込み

16

生地をロールイン用バターの大きさの2倍に延ばし、その上にロールイン用バターを、90度ずらしてのせる。

17

風呂敷のようにパン生地でバターを包む。パン生地の端が重なりすぎないように注意する。

18

生地のつなぎ目を、上からめん棒でおさえる。

19

20cmの幅はそのままに、上下に長く、80cmほどまで延ばす。

20

表面の手粉をよく掃きとり、生地の上端を少しだけ折りいれて、全体を二つ折りにする。めん棒で軽く押さえる。

21

さらに下から半分に折り、全部で4つ折りにする。※作業に時間がかかり、生地温度が上がって生地がべたつくようならここで一度ポリ袋に入れて冷蔵庫で冷やす。

22

90度方向を変え、20cmの幅で先ほどと同様に上下に80cm延ばす。

22

手粉をよく掃きとり、20と同様にして二つ折りにする。

24

さらに半分に折って四つ折りにする。ポリ袋に入れてめん棒で形を整えたら、30分以上、冷蔵庫で生地を休ませる。

Chef's comment **ロールインについて**

Bread making tips
〈パン作りのコツ〉

●ロールイン・折り込み

　いよいよパン生地でバターを包みます。

　冷蔵庫から出したパン生地をポリ袋から取り出します（ポリ袋はカッターナイフで側面を切ってはがします）。生地は、準備したバターの大きさの、ちょうど2倍の大きさの正方形に延ばします。延ばしたら生地と90度ずらした位置に、生地と同じ硬さに戻した正方形のバターを置きます。

　バターから飛び出している4角のパン生地をバターの上にかぶせ、風呂敷でお菓子の箱を包むようにパン生地同士をつなぎ合わせてバターを完全に包みます。この時、4角に飛び出している部分の生地をめん棒で少し延ばしておくと作業がしやすいです。パン生地同士はしっかりつなぎ合わせましょう。このあとバターを包んだパン生地をめん棒で薄く延ばしていきますので、いい加減なつなぎ方だとその部分からバターがはみ出します。

　めん棒を当てて、一方方向に約3～4倍の長さになるようにパン生地を薄く延ばします。ゆっくり少しずつ延ばしてください。ポイントはパン生地の硬さとバターの硬さが同じであることです。これさえ守れば意外に簡単に、パン生地はスムーズに延びてくれます。

　3～4倍の長さになったら、パン生地を4つに折りたたみます。左の写真では、このあとすぐ90度向きを変えて同じ作業に入りますが、初めて挑戦する時は延ばしに時間がかかり、生地温度が上がってしまうでしょうから、ここでは一度、四つ折りにしたパン生地をポリ袋に入れ、乾かないようにして冷蔵庫で約30分冷やすことをお勧めします。なお、生地が冷えていて、だれていなければ連続で作業してもかまいません。

　さきほど四つ折りにした生地の方向を90度変えて、また同様に3～4倍の長さに延ばし、4つにたたみます。乾かないようにして30分以上、冷蔵します。

生地の取り出し方
冷やした生地の取り出しは、ポリ袋の横をカッターナイフで切り開くのが効率的です。

余分な手粉は払う
生地を折りたたむ時、余分な手粉はこまめに払っておきます。

ITEM. 05 / CROISSANT

成形

25

生地がよく冷えていることを確認し、再度幅20cmで厚さ3mmまで上下に延ばし、両長辺がまっすぐになるよう端を切り落とす。片辺に端から10cm間隔で印をつける。反対側は5cmずらして同様に10cm間隔の印をつける。

26

底辺10cm、高さ20cmの二等辺三角形を切り取る。パン・オ・ショコラ用なら9×9cmに切り取る。

27

切り終わった生地はステンレスの平らなトレイにのせ、再度、冷蔵庫に入れて生地温度を冷蔵庫温度まで下げる（約30分が目安）。

28

生地がよく冷えたことを確認し、成形する。

クロワッサン

二等辺三角形の底辺の中央に切り込みを入れる。切り込みを開き、軽く押さえつけてから軽く巻き込んでいく。巻き終わって三角形の頂点がきりぎり台に触れる程度が好ましい。

ショコラ

正方形の生地の下半分をめん棒で押さえる。上下の生地の接着面に塗り卵をしてチョコレートをのせる。上の生地を下より大きく（長めに）かぶせ、表面に2本切り込みを入れる。

Chef's comment 成形について

Bread making tips
〈パン作りのコツ〉

●成形

　4層に折りたたむことを2回繰り返した生地は30分以上冷蔵庫で休ませた後、成形に移ります。

　生地を約20cmの幅で、厚さを3mmまで薄く延ばします。いよいよカットです。包丁（またはピザカッター）で底辺が10cm、高さが20cmの二等辺三角形になるように切ってください。切り終えたらここでちょっとお休みです。ここまでの作業でパン生地の温度は上がってバターがべたついていますから、二等辺三角形にしたパン生地をトレイに並べて再びパン生地がしっかり冷えるまで約30分、冷蔵庫に入れてください。

　パン生地が冷えてしっかりしたことを確認したら、底辺の方からくるくると巻きます、この時、カットした部分に触ってしまうと、せっかくのバターの層をつぶしてしまいますので、気を付けてください。巻き終わりを少し残す（舌を出す）ような気持ちで成形を完成させ、天板に均等なスペースをとって並べます。（巻き終わりが天板に触れる程度に成形したつもりでも、窯伸びの大きさによって巻き終わりの位置は変わります。プロが作るような生地は、お尻から少し出る程度でも窯伸びによって、焼き上がった時は巻き終わりがちょうど頂点に来ています。）

　ホイロ、オーブンと発酵が進む間に約4倍のボリュームになりますので、そのことを考慮して間隔を空けてください。理想は3.5巻きです。生地を切らないように、少し二等辺三角形の二等辺の部分を伸ばして巻くと、一層きれいな形になります。

成形時の注意

成形時、カットしたクロワッサン生地の断面には触れないように注意します。
カット面、特に三角形の頂点にあたる部分が綺麗な層状に焼きあがるためには、この部分をつぶさないことが大事です。巻き終わったとき、頂点部分が天板に触れる程度をめどに成形し、天板にとなりと余裕を持って並べます。

応用編

生地をとり置いて、後日焼く方法

1. 二等辺三角形（または別の形）の状態までカットして、乾かないようビニール袋に入れて冷凍します（冷蔵はダメです）。1週間をめどに使い切ってください。
2. 翌日、あるいは2〜3日後、生地を冷凍庫から取り出し、室温に10分ほど置き、28.の作業からはじめます。

つぶす方法もある

二等辺三角形の底辺は、カットするほかにめん棒でつぶして巻き始める方法でもかまいません。

ITEM. 05 / CROISSANT

ホイロ（最終発酵）・焼成前作業

28

天板に、となりと余裕を持って並べ50～60分、ホイロで最終発酵をとる。全量一度に焼けない時は、あとから焼くほうを低温の環境においておく。（この間に、オーブンを予熱する。底に蒸気用の天板を置いて220℃にセット）。

29

ホイロを終了したら塗り卵をする。生地の断面には塗卵がかからないよう注意すること。塗卵が半乾きになったら窯入れする。

30

パン生地を入れる直前に、底の天板に200mlの水を注ぎ入れる（急激に発生する蒸気に注意）。こうすることで乾燥焼きが防げる。

焼成

31

続いてすぐにパン生地をのせた天板を入れる。（上下段ある場合は下段に入れる。天板は1回に1枚ずつ）。扉を閉めたら210℃に下げる。

32

焼成時間は8～11分。ただし、焼きムラがある場合は、オーブンを開けて天板の前後を入れ替える。

33

全体においしそうな焼き色が付いたらできあがり。取り出して作業台の上10～20cmの高さから天板ごと落とす。クロワッサンのような層状のパンほど顕著な効果がある。（詳細→ P.94）

2枚目の天板を入れるとき

オーブンの設定をもう一度220℃に上げ、29からの作業を繰り返す。

 **ホイロから焼成について**

●ホイロ（最終発酵）／焼成前作業
　27℃、75%で最終発酵をとります。バターの溶解温度は32℃ですから、32℃マイナス5℃の27℃以下の温度でお願いします。60分前後かかります。

●焼成
　ホイロから出し、表面を軽く乾かしてから卵を塗ります。この時もバターの層（生地の断面）に卵がかかってしまうとせっかくのバター層がきれいに開かなくなりますから、注意して、バター層を避けて塗ってください。
　210℃で10分前後かかります。ここではゆっくり焼いてパンの水分を飛ばし、流れ出したバターが少し焦げるくらいの方が焦がしバターの香りがパンに移って美味しくなります。
　万が一、オーブンの温度が低すぎると、つやのある美味しい焼き色にはなりませんので気をつけてください。
　美味しそうな焼き色がついたらできあがりです。そしてオーブンから取り出したあと、このパンこそ、ぜひショックを与えてください。試しに1個だけそっと取り置いて、他のパンは天板ごと強めに作業台の上に落とすと、ショック効果がいかに有効か感激します。つまり、焼き上がってすぐショックを与えたパンは気泡がより多く残り、食感が良い状態を保てるのです。そしてこのクロワッサンこそ空気の層が大きいので、断面を比べるとその差がよくわかりますから、ショックを与えなかった1個とぜひ、見比べ、食べ比べてください。詳細はP.94を参照してください。

【補足】
菓子パンのフィリング・トッピング

P.34 〜の菓子パンで使用する**小倉あん、こしあん、栗あん、かぼちゃあん**については市販品の利用をお勧めします。ゆるいようなら煮詰めて少し硬く、硬いようなら少量の水を加えて煮返してみてはいかがでしょうか。あるいは、取って置きの秘策は、大好きなパン屋さんと仲良くすることです。少量でも販売してくれるかもしれません。

カスタードクリーム
（単位：g）

使用する牛乳基準	100g	200g	400g
①牛乳	100	200	400
②上白糖	15	30	60
③卵黄	24	48	96
④小麦粉（バイオレット）	4	8	16
⑤コーンスターチ	4	8	16
⑥上白糖	10	20	40
⑦ブランデー	3	6	12
⑧バター	10	20	40
⑨バニラオイル	少々	少々	少々
合計	170	340	680

作り方
1 ①の牛乳をフライパンに入れ、火にかけます。次に静かに②の上白糖を牛乳に振り入れます。こうすることで牛乳の底に砂糖の被膜ができます。砂糖のカラメル化温度は160℃ですから焦げる心配がほとんどなくなります。
2 その間、④の小麦粉⑤のコーンスターチ、⑥の上白糖をボウルに入れてホイッパーで均一に混ぜます。そこに③の卵黄を入れ、さらにホイッパーで混ぜます。次に、⑨のバニラオイルを少々入れます。
3 1の牛乳が沸騰したら火を止め、その3分の1を2のボウルに注ぎ、手早くホイッパーで混ぜます。この時のんびり混ぜるとダマができますので手早くお願いします。
4 3で混ぜたものを再びフライパンの牛乳に戻し、加熱を再開し、ここでも手早くホイッパーを使います。沸騰したら火を止め、⑧のバターを加えます。
5 再び加熱をして、沸騰したら完成です。ここでの加熱の程度がカスタードクリームの硬さを決めますので沸騰後、何秒、何分加熱したか、覚えておきましょう。
6 火を止めたら、⑦のブランデーを加えよく混ぜて、できるだけ手早くアルミトレイなどの薄い容器に移し、ラップをして冷蔵庫で冷却します。ここでの冷却が早いほどカスタードの保存性が良くなります。

メロン皮
（単位：g）

使用する粉量基準	100g	200 g	400 g
①バター	30	60	120
②上白糖	50	100	200
③卵黄	8	16	32
④全卵	10	20	40
⑤牛乳	12	24	48
⑥小麦粉（バイオレット）	100	200	400
⑦ベーキングパウダー	0.5	1	2
合計	210.5	421	842

作り方
1 ⑥の小麦粉に⑦のベーキングパウダーを加え、ふるっておきます。
2 ①のバターを室温に戻し、②の上白糖をすり込みます。
3 ③の卵黄、④の全卵、⑤の牛乳をあらかじめ混ぜて、加温（32℃）をしておきます。完成したメロン皮の温度が27℃前後になるよう、夏と冬では加温の温度を調整します。
4 2に3を分離しないように3〜4回に分けて加えます。
5 4がきれいなペースト状になったら1の小麦粉を加え、ゴムべら（木べら）で粉けがなくなるまであわせます。一晩冷蔵庫に入れ、でんぷんを水和させたらできあがりです。
6 生地重量と同じ重量に分割し、めん棒で生地の倍の大きさまで丸く延ばしておきます。

STEP 2

パン作りの材料

今回は出来るだけ使う材料を少なくして、美味しいパンを作ろうとしています。そのために最低限知っていただきたい知識をここに網羅しました。

でも、小麦粉は粉体です。加えようと思うと何でも加えることは可能です。（もちろん、生のパイナップルなど例外はありますが。）健康に良いと言われる材料、サプリメント、庭でできる野菜や果物、それらの基礎知識さえあればあなただけのパンが作れます。楽しみですね！

小麦粉

1 パン作りに使う小麦粉の考え方

　本書で使う小麦粉は、作りたいパンに合わせて、主にタンパク質（主にグリアジンとグルテニン）の多少を基準に選んでいます。お店に行くとたくさんの種類があって迷うでしょうが、ここではパン用粉（強力粉）、あるいはめん用（中力粉）であれば何でも構いませんというスタンスで作り方を紹介しています。それでも細かいことを言えば、小麦粉の種類で水の量、最終的なパンのボリュームに違いは出ます。でも、美味しいパンは焼き上がりますので、あまり気にしないでください。

　一般的に、小麦粉に含まれるタンパク質量が多いほどグルテンは多くでき、強くなり、必然的にミキシングを強くしなければなりません。ここでは機械を使わず、手で仕込むので小麦粉のタンパク質量は11.0〜11.5％前後と少なくした方が仕込みやすいと考えて配合を紹介しています。

「パン生地」と「パン」

小麦粉に水を加え、ミキシングをしてできるのはパン生地です。でも我々が食べるのはパンです。ではパン生地はどこでパンに変わるのでしょうか？一見どうでもいいことのように思えますが、パン作りには大事なところです。
パン生地を支える骨格はグルテンです。でもパンの骨格はα化したでんぷんです。つまり、パン生地をオーブンに入れ、パン生地が徐々に温度を上げる時、グルテンはでんぷんに水を奪われ、変性し、のびる力を失っていきます。一方、そのときでんぷんはグルテンから奪った水でβからαに変わります。この時がパン生地がパンに変わる時なのです。

　たしかに小麦粉のタンパク質量は多いほどパンはふっくらと、ボリュームがあり、焼きたてはソフトに食べることができます。でもその分、パンが冷えると引きが強く、容易に噛み切れなくなることも覚えておいてください。

　ただし、たとえタンパク質が多い粉でも砂糖やバターなどをはじめとした副材料がたくさん入るものは、理論的にはグルテンのつながりが弱くなり、引きの弱いパンに焼き上がるはずです。

2 なぜ小麦粉なの？

　世界にはいろいろな穀物があります。米、小麦、ライ麦、大豆、コーン、アワ、ヒエ等です。それらの穀物はみな粒のまま、あるいは粉砕しても食べられます。米粉、小麦粉、ライ麦粉、大豆粉、コーンフラワー等です。でもパン作りに使われるのは小麦粉だけです（ライ麦粉など一部の例外もありますが）。他の穀粉ではパンはできないのでしょうか？

　パン作りに小麦粉が使われるのは、小麦が小麦にしか存在しないタンパク質（グリアジンとグルテニンを同時に）を持っているからです。すなわち、小麦粉に水を加えてミキシングすることでグリアジンとグルテニンが結びつき、グルテンという新しいタンパク質ができるからです。そしてパンが膨らむのはパン生地にこのグルテンが存在するからです。

　パン酵母は糖を食べて炭酸ガスとアルコールを出します。この炭酸ガスをグルテンが包んで、ソフトで膨らみのあるパンが焼き上がります。

　ここでくれぐれも誤解しないでいただきたいのは、小麦粉にグルテンがあるわけではなく、小麦粉にあるグリアジンとグルテニンという2種類のタンパク質に水を加えてミキシングすることで初めてグルテンができる、ということです。グルテンは始めは緩い結合の塊ですが、ミキシングをすることで強い結合の薄く延びたグルテンに成長します。少し前まで、グルテンはしっ

COFFEE TIME

小麦の種類

小麦の分類法にはいろいろあります。粒質の硬さで分けると「硬質と軟質」、小麦を植える時期（播種期）で分けると「春小麦と冬小麦」、粒色で分けると「白小麦と赤小麦」等です。ちなみに日本の一般的なパン用小麦は「硬質・春・赤小麦」です。今話題の「ゆめちから」は「硬質・冬・赤小麦」です。

● 小麦粒の名称（％は、小麦粒全体に対する重量比率）

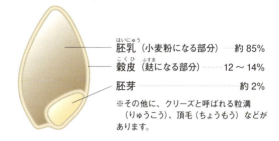

胚乳（小麦粉になる部分）……約85%
穀皮（麩になる部分）……12〜14%
胚芽……約2%

※その他に、クリーズと呼ばれる粒溝（りゅうこう）、頂毛（ちょうもう）などがあります。

かり捏ねる、つまりエネルギーをたくさん加えることで初めて小麦粉中のグリアジンとグルテニンが徐々に結合してできていくと思われていましたが、今の理論は小麦粉に水を加えて少しでもミキシングをすると弱い結合ですがグルテンができることが証明されました。その結果、その弱い結合のグルテンを強い結合のグルテンに成長させ、薄く延ばすのがミキシングの目的といわれるようになりました。パン生地をミキシングする時はこのイメージを持ってミキシングしてください。より効果的な動作ができます。

3　高級な小麦粉には、タンパク質が多いの？

　小麦粉には用途別に分けたパン用粉（強力粉）、中華めん用粉（準強力粉）、めん用粉（中力粉）、菓子・天ぷら用粉（薄力粉）という用途別分類法と、等級（グレード）別に分けた一等粉、二等粉、三等粉、末粉という等級別分類法があります。用途を分けるものは主に小麦品種による違いですが、等級は小麦品種とは関係なく、小麦粒の部位によるもので、中心部で灰分の少ない部分ほど色が白く、そのため等級が高く、もちろん値段も高くなります。でもパン作りに欠かせないタンパク質の量とは相関していません。むしろ等級が高く、白い小麦粉はタンパク質の量が少ない傾向があります。これは小麦を製粉する時に小麦の中心部を一等粉として、外側を二等粉として取り分けるためです。つまり、小麦の中心部は粉としては白いけれど、含まれている成分は完熟したでんぷんが多く、肝心のタンパク質、さらにミネラル、食物繊維（ふすま）は外側ほど多くなるのです。

● パン用小麦粉の成分

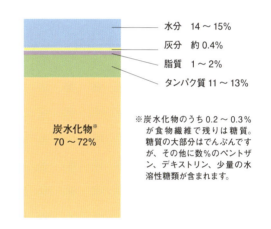

水分　14〜15%
灰分　約0.4%
脂質　1〜2%
タンパク質　11〜13%
炭水化物※　70〜72%

※炭水化物のうち0.2〜0.3%が食物繊維で残りは糖質。糖質の大部分はでんぷんですが、その他に数%のペントザン、デキストリン、少量の水溶性糖類が含まれます。

COFFEE TIME

「灰分」て、なに？

灰分とは、小麦粉や小麦に含まれる無機物質（ミネラル）のことをいい、灰分炉で完全に燃焼させた後に残る残渣量で表します。小麦粒中の無機物質は皮部分に多く、中心部の20倍近くにもなります。これが多いと粉の色は黒っぽくなり、風味に雑味が出るため粉の等級は下がりますが、昨今のパン作りでは、使い方によって栄養分や個性が期待できるため、注目されています。この多少は製パン性にも影響しますが、スーパーの棚に並んでいる小麦粉ではそこまで多く配合されたものは見られませんので、あまり気にすることはありません。

4　国産小麦と外国産小麦

　以前は、パン用小麦というとカナダ産、アメリカ産といった外国産小麦しか無いと思われていました。しかし、今では北海道で「春よ恋」、「ゆめちから」が開発され、関東の「ゆめかおり」等、外国産に負けないパン用国産小麦が市場で手に入るようになりました。若干高価なのは気になりますが、食料自給率の向上という意味でも積極的に国産小麦でのパン作りを心がけたいものです。製パン性という点では決して外国産小麦に引けを取りません。

　ただし、気をつけなければならないこともあります。小麦の起源は西アジアの乾燥地帯です。温暖で湿潤、梅雨のある日本においては麦類に赤カビ病が発生しやすく、栽培にはプロの経験が必要です。栽培は素人の我々が片手間にできるものではありません。栽培する時はプロの指導を仰ぎ、使う時はカビ毒（デオキシニバレノール・DON、ニバレノール・NIV）の検査をしましょう。外見上は健全な穀粒においても暫定基準値である1.1mg/kgに近い値が出ることもあります。

5　新麦(しんばく)とホットフラワー

　これまで、収穫したての小麦は製パン性が劣るとさ

れてきました。確かに、小麦は農産物ですから年度により、気候によって品質に違いが出ます。加えて、製粉したての小麦粉はホットフラワー（グリーンフラワー、若い粉）とも呼ばれ、製パン性に問題があるとされてきました。

　でも、考えてください。米、ソバ、トウモロコシ等多くの穀物は収穫したて、製粉したてが一番美味しい時です。小麦粉だけが例外でしょうか？　蕎麦が代表例ですが、挽きたて、打ちたて、茹でたてを「三たて」と言い、それに刈りたてを加えて「四たて」とも言って、一番美味しい食べ方とされています。

　さて、ここからは筆者の独断ですが、小麦も収穫したて、製粉したて、焼き立てが一番美味しいと信じています。でも残念ですが、小麦の年度によるばらつき、製粉したての小麦粉を使った時はパン生地のべたつき、緩みも感じられ、作りづらいことは確かです。でもこの作りづらさも製粉後1週間でほぼ解消しますし、そもそもこのような製パン性を実感するのは大量に生産する機械製パンのときです。一般家庭の手作りの場合、収穫後1週間以内の小麦粉に出合う可能性もまずありませんし、手作りの場合はこの作りづらさもほとんど感じられません。つまり、ここにも市販のパンよりも美味しい家庭のパンを作るチャンスがあるということです。

日本で使われている小麦の産地は？

現在、輸入小麦はアメリカ、カナダ、オーストラリアの3か国から輸入されています。アメリカからはパン用小麦・中華めん用小麦・菓子用小麦が、カナダからはパン用小麦、オーストラリアからはめん用小麦が輸入されています。

国産小麦としてはめん用小麦が多く、まだまだ少ないですがパン用小麦もあります。最近はデューラム小麦、菓子用小麦の開発も行われています。特にパン用小麦としては北海道の「春よ恋」、関東の「ゆめかおり」はカナダの1CW(ワンシーダブリュ)に匹敵するパン適性を持っています。北海道の「ゆめちから」は超強力小麦として北海道の「きたほなみ」あるいは、地元産のめん用小麦と組み合わせることで利用価値の高いパン品質を作り出せます。

パン酵母

※この本では、全てインスタントドライイースト（赤）を使います。

1　パン作りに使う「パン酵母」の種類

　酵母と呼ばれるものは41属278種に分類されていますが、その中でパン酵母はサッカロミセス属セルベッシエ種に分類されます。しかし、サッカロミセス・セルベッシエの中にはパン酵母だけでなく、清酒酵母、ビール酵母、ワイン酵母などの醸造用酵母も含まれています。ちなみに1g中のパン酵母（生）には10^{10}つまり100億個の酵母が居ます。

　ところで市販のパン酵母にはいろいろな種類があります。生のパン酵母、ドライイースト、インスタントドライイースト、セミドライイーストといった呼び方をしますが、これはすなわち形状の違いで、そこに存在するパン酵母（イースト）は皆、同じ仲間です。ただし、形状が違えばそれぞれに取り扱い方法は異なりますので、正しい使い方を知って実践してください。（パンはパン酵母が正しく発酵してくれれば必ずふっくら美味しいパンに焼き上がります。恐れず自由にパン作りを楽しんでください。）

　その他、パン酵母には発酵力や香り（バラの香りのするパン酵母もあります）、味、パン生地中での生産物、発酵形態の違うもの（前半に発酵力の強いもの、あるいは、後半に発酵力の強いもの）、耐糖性（砂糖耐性）や冷凍耐性、冷蔵耐性などに優れているもの、ある温度以下では極端に発酵力が弱まるものなど、勉強するとどんどんパン酵母の世界は面白く広がっていきます。

2　イーストと天然酵母

　「天然酵母」というのぼりや活字をいろいろなところで目にしますが、正しい表現なのでしょうか。酵母は生き物です。私たち人間はまだ生き物を自分の手で生み出していません。ですから、「人工酵母」はまだ世の中に存在しません。表示法的には人工のものが存在しないものには「天然」という言葉は使えないことになっ

パン酵母の種類と水分量

今回は、入手しやすく初心者にも扱いやすいインスタントドライイースト（赤）だけを使って基本的なパンを作っていますが、もし、パン酵母（生）が手に入るならそれでもかまいません。近所のパン屋さんと親しくなると喜んで分けてくれます。そのうえ、いろいろパン作りのコツをアドバイスしてくれますので、ホームドクターのような感覚でご近所のパン屋さんとは親しくなりましょう。

ただし、注意したいのはパン酵母（生）の水分が68.1％なのに対してインスタントドライイーストのそれは5〜9％ということです。活性度も考慮してパン酵母（生）を使う時は2倍の使用量とします。（厳密に言うとパン酵母（生）を4％使うと4％×0.68＝2.7％分水分が多くなるので、軟らかい生地になります。気持ち水を減らしてください。）

ています。人間に「人工人間」がいないので、「天然人間」とは言わないのと同じことです。

　一方、イーストとは英語で酵母という意味ですが、日本でアンケート調査をすると、半分以上の方がイーストは化学合成物質と思い、身体によくないものと思っています。何度も言いますが、イーストとは酵母のことであり、つまり文字通りイーストは生物としてふつうに自然界に存在しているものです。

　それでも、なかなか消費者の誤解が解けない現実から、製パン会社、研究機関などが中心になって検討委員会を経て「イースト」という言葉も「天然酵母」という表現もやめ、これまでの「イースト」は「パン酵母」と、「天然酵母」は「自家製発酵種」あるいは「レーズン種」や「酒種」等の素材を現した言葉に変えました。町のパン屋さんでも、だんだんにこの流れを汲むところが増えています。

71

3　インスタントドライイーストの使い方

インスタントドライイーストは"パン生地"に添加するのが原則です。つまりインスタントドライイーストを入れないで他の材料だけでパン生地を捏ね始め、粉けの無くなったところでインスタントドライイーストを加えます。

一般的にパン酵母の好ましい活動温度帯は28～35℃とされていますが、とりわけインスタントドライイーストに関しては15℃以下の水やパン生地に触れると著しく活性が低下するという欠点があります。冬場は仕込みに温水を使うので問題ないのですが、夏場に冷水を使うときや、ペストリーのように低温に仕込む生地

発酵温度と発酵力

パン酵母の相対発酵力を40℃付近で最高の100％とすると、20℃では約25％、30℃では70％、そして高過ぎる50℃では40％になり、60℃で死滅してしまいます。

で冷水を使う時には気をつけなければいけません。

ところで、パン酵母の活性を高めるためにインスタントドライイーストを温水に溶かす方もいます。確かに、初期の活性は高まりますが、温水の温度、溶解時間等がばらつくと、活性にもばらつきが出て、結局、製品のできにもばらつきが出ますのであまりお勧めはできません。

4　インスタントドライイーストの保管について

インスタントドライイーストは真空パックになっていますから、未開封の状態では常温保管で24か月は問題ありません。しかし、開封した後は空気や水分に触れないよう封をして、冷蔵庫保管が原則です。

パン酵母の生地中での働き

パン生地中では小麦粉由来のα-アミラーゼがでんぷんをデキストリンへ、デキストリンをβ-アミラーゼが麦芽糖へと分解します。この麦芽糖は酵母の細胞膜に局在する糖の透過酵素によって酵母内に導かれ、酵母内酵素であるマルターゼによってブドウ糖に分解されます。副材料として加えられた砂糖は酵母の細胞表層部にあるインベルターゼによってブドウ糖と果糖に分解され、透過酵素によって酵母内へ導かれます。これらのブドウ糖、果糖はチマーゼ群（解糖系酵素群）によって炭酸ガスとアルコールに分解され酵母外へ放出されます。このアルコールがパンの香りとなり、炭酸ガスがパンを大きく膨らませるのです。

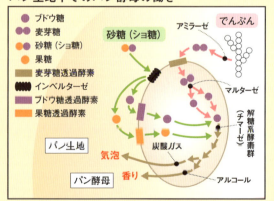

塩

1　塩の種類

　お料理にはいろいろこだわった塩が使われます。おにぎり、お漬物、パスタのゆで汁といったシンプルな料理は使う塩の味がストレートに反映されます。しかし、残念ながらパンにこだわりの塩を使っても味、香りまで変えるのは難しいようです。とはいっても、信じることも大切ですから、お台所にあるいつもの塩をお使いください。

2　塩の添加のタイミング

　パンの仕込み方法の1つに後塩法(こうえんほう)があります。プロのようにミキサーを使う場合はあまり気になりませんが、塩はグルテンを収斂(しゅうれん)させて延びにくくします。したがって力に限界のある手仕込みの場合、塩を入れない状態でパン生地を作って充分にグルテンをつなげ、延ばした後に塩を加えることで無理なくパン生地をつなげることができるのです。

　塩は、粉体で加えることがほとんどですが、こだわる方は仕込み水の一部に溶いてから使います。もし、機械仕込みで最初から塩を入れるという場合でも気をつけなければならないのは、パン酵母（インスタントドライイースト）と塩を一緒にしないことです。浸透圧のいたずらでパン酵母が活性を損なうことがあります。ナメクジに塩を振りかけると脱水する現象と同じです。

3　塩の量

　パンの味は、塩の添加量で決まるといっても過言ではありません。塩の量は味のほかにパン酵母の活性にも大きな影響を与えます。小麦粉100に対して0.2％ほどの少量ならパン酵母の活性をむしろ強くしますが、それよりも多くなると活性を阻害するようになります。塩と砂糖の量は、味のバランスから反比例しますが、その他にパン酵母に対する浸透圧の関係からも砂糖の添加が多くなると塩を少なくします。

塩の量の考え方

　塩は味の点からも、製パン性の点からもパン作りには欠かせない材料です。ただ、塩を使うときはパン酵母に対する浸透圧も考えておかなければなりません。つまり、あまり塩濃度や砂糖濃度が高いと、パン酵母の活性は損なわれるからです。
　具体的にいうと、配合の割合で砂糖の量を増やすほどにパン酵母の量も増やさなければなりません。しかし、塩は、味のバランスとパン酵母の活性の点から砂糖と反比例して減らしてください、ということです。

砂糖

1　砂糖の種類

　砂糖には上白糖、グラニュー糖、黒砂糖、白ザラ、黄ザラ、車糖、和三盆、キビ糖等いろいろな種類があります。お台所では家族の健康を意識してこだわりの砂糖をお使いでしょうから、パンにもその砂糖をお使いください。味は若干変わりますが製パン性に大きな違いはありません。

2　砂糖の添加量

　作りたいパンの種類によって添加量が変わります。他にもさまざまな要素がありますが、少なくとも砂糖の添加量がそのパンの特徴を代表していることは確かです。

　この本では砂糖の量によってパンを分類し、それぞれの中から代表的なものを選び、ステップ1と4で紹介しています。必ずしもそれらの数字に限定されることはありませんが、自分の好みの配合がそのパンの標準値からどの位置にあるのかを知ることは大事なことです。

3　甘味度

　糖は種類によって甘さの感じ方が違います。砂糖を100として、他の糖類の甘さを官能試験結果（15℃、15％溶液）で示した値を甘味度と表現します。果糖が165、ブドウ糖が75、麦芽糖が35、乳糖が15です。ダイエットを気にしている方はこの甘味度の高い糖を使うことで使用量を少なくして甘いパンを作ることも可能です。もっと気にする方は、高甘味料のアスパルテーム、ステビアを使うことも考えられますがこれらの高甘味料を使う時は一工夫が要ります。

　というのも、高甘味料はパン酵母の栄養源にはなりませんので、パン酵母が発酵時間中に栄養分として使う糖（乳糖を除く2糖類以下の糖、すなわちショ糖、麦芽糖、果糖、ブドウ糖）を少量（発酵1時間当たり1％）添加する必要があります。

4　パンの美味しさを作る化学反応

　糖の存在は、甘味だけでなくパンの美味しい味、香り、色合いの生成にも貢献します。

　まず、パン酵母の発酵作用で糖から生ずるアルコールやエステル類は、あの魅惑的な味や香りを作ります。また糖が高温で変化するカラメル化や、糖とタンパク質が反応するメイラード反応は味、香りに加えてパンの焼き色も作り出します。

　カラメル化反応は、糖の種類によっても変わりますが、110～180℃で起こります。一方、メイラード反応は常温でも起こっていますが、その反応速度は遅く、155℃付近から活発な反応に変わります。

液糖を使いたいときは

パン作りの砂糖の種類はなんでもかまいませんが、液糖だけは発酵を遅らせることがあります。液糖を使う時はパン酵母（インスタントドライイースト）を多めに使いましょう。

バター（油脂）

1　油脂の味と製パン性

　油脂の中で、パンの味を一番よくするのはバターです。でも全てのパンの味をよくするかというと、首をかしげます。その代表がフランスパンです。フランスパンのあの香ばしさ、美味しさは油脂が無添加だから出るものです。ソフトフランス等の油脂添加量の少ないものの美味しさは、発酵臭と味の淡白さに特徴があります。したがってこれにバターを添加すると、バターの味が前面に出過ぎて全体の味のバランスが崩れます。こんな時は無味・無臭のショートニング、あるいはラードが合うかもしれません。

　一般的に言って製パン性に優れているのは固形脂（バター、ラード）ですが、サク味を出したいものには液状油（オリーブ油、サラダ油、白絞油など）の方が合っているかもしれません。加えて、夏場、冷やして食べたいパンなどは固形脂よりも液状油の方がソフトな食べ口になります。知識はもちろん大切ですが、実際にパンを作ってみるのはもっと大切です。

2　油脂による老化防止

　パンは、発酵時間や配合によって寿命が異なります。発酵時間が短く、油脂添加量の少ないものほど寿命は短くなるようです。油脂が無添加のものは別にして、油脂が多くなりそれを取り込むだけのタンパク質（グルテン）量がパン生地にあり、適正なミキシングができていれば、パンの老化は遅くなります。油脂を多く配合するスイートロールはもちろんですが、パネトーネ、パンドーロが良い例です。シュトレンは特殊な例ですが、バターのコーティングでドイツでは3～4か月も食べられるようです。

3　スライス性の改良

　油脂の意外な製パン改良効果としてスライス性があ

COFFEE TIME

バターの可塑性範囲

　作るものにもよりますが製菓製パンの作業では、液状油（サラダ油、オリーブ油等）より固形脂（バター、マーガリン等）の方がよく、固形脂でも可塑性範囲（ねっとりした状態）で使用する方がよいとされています。固形脂は非常に細かい結晶と液状油が均一に混ざり合ってできています。結晶の融点は一定ではなく、温度が高くなると融点の低い結晶が溶けて液状油が多くなり、軟らかくなります。温度が低くなると液状油の一部が結晶し、液状油が減って硬くなります。
　ちなみにバターの可塑性範囲は17～25℃、最適可塑性範囲は18～22℃です。この範囲でバターはパン生地中でグルテンに沿って延びやすくなり、バタークリームではよく空気を抱き込み、バターケーキ生地では、砂糖とすり合わせたときによく空気を抱き込みます。この範囲を維持するために冬場はバター、卵、小麦粉を温め、夏場は卵、砂糖、小麦粉を冷やした状態で使用することもあります。

ります。油脂無添加のフランスパンもスライス性は必ずしも良くありませんし、油脂ゼロのドイツパンに至っては増粘多糖類（ペントザン）が多いこともあり、スライスのたびにスライサーを掃除しなければなりません（もちろんドイツパン専用のスライサーがありますので、それを使えば問題は無いのですが）。パン切り包丁（波刃）でスライスするのであれば、あまり感じないかもしれませんが、油脂が0.5％でもパンに入っていると、スライス性は驚くほどよくなります。

卵

1 卵の役割

卵には、パンのボリュームを大きくする効果もありますが、メインは内相(ないそう)の黄色やクラスト(パンの表皮)の焼き色を美味しそうにすることです。もちろん栄養も強化されます。

2 卵のサイズ

スーパーに行くと卵がサイズごとに売られています。LL、L、M、S等です。でも、実は卵黄の大きさはサイズにかかわらず、ほとんど同じなのです。つまり、小さい卵ほど卵黄比率が大きくなります。とわかれば当然、ケーキ屋さんは作るものによって卵のサイズも使い分けることになります。卵黄を使うカスタードクリームの時は小玉、卵白を使うエンジェルケーキ、ツイーレ等のときは大玉、というふうにです。

3 卵の水分

配合を見直してもっとボリュームを大きくしたい、クラム、クラストの色、艶を良くしたいという時は、卵を加えたり、その配合比率を多くすることがあります。当然その時は配合表の水の量も変えなければなりません。その場合、卵の水分は76%として、水の量を計算し直してください。(例えば卵を100g加えるなら、水を76g減らす、ということです。

COFFEE TIME

水分について

最初は難しいと思いますが、だんだん慣れてくると既存の配合をアレンジして自分好みの配合を作りたくなります。そんな時に大事なのが製パン材料の水分%です。主要原料のそれぞれの水分を覚えられたらパン作りも一人前です。小麦粉14%、パン酵母(生)68%、インスタントドライイースト5〜9%、バター16%、卵76%、牛乳87%等です。その他に加水量に影響する原材料として砂糖5%あるいは油脂5%の増減で加水1%が逆の減増をするといわれています。

※具体的な計算例を以下に示します(aをbに変えた場合、加える水の量がどう変わるか)。
　小麦粉、砂糖、油脂の増減はプロに伝わる経験値です。

● テーブルロール 一例として

【配合】	a ベーカーズ%	b ベーカーズ%	吸水の変化
①小麦粉(強力粉)	100	80	
②小麦粉(薄力粉)	―	20	−2 強力粉100%を薄力粉100%にかえると吸水が10%程度減少します
③インスタントドライイースト(赤)	2	2	0
④塩	1.6	2	0
⑤砂糖	13	8	1 砂糖を5%増減すると吸水は逆に1%増減します
⑥バター	15	20	−1 砂糖を5%増減すると吸水は逆に1%増減します
⑦卵(正味)	15	25	−7.6 卵の水分は76%ですから、卵が10%増えると吸水は7.6%減ります
⑧牛乳	30	20	8.7 牛乳の水分は87%です
⑨水	20	19.1	−0.0 「吸水の変化」を計算すると全体で0.9%減ったことになります
合計	196.6	196.1	

COFFEE TIME ☕ 都市伝説にご注意

卵にはたくさんの都市伝説があります。それらに惑わされないことが大切です。

< 都市伝説 >
- 無精卵より有精卵の方が栄養がある。
- 白色卵（白玉）より有色卵（赤玉）の方が栄養がある。
- 卵黄の色の濃い方が栄養がある（飼料に含まれる色素の影響大）。
- 卵を食べ過ぎるとコレステロールが多いため、動脈硬化を起こす。
- 生みたての卵は美味しい。

< 正しい知識 >
- 卵殻がザラザラしているほうが新鮮。
- 卵黄の盛り上がっている方が新鮮。
- 濃厚卵白の盛り上がっている方が新鮮。
- 生卵は消化が悪いが、茹で卵より半熟卵のほうが消化がよい。
- ゆで卵は古い卵のほうが殻がむきやすい。

牛乳

1　牛乳の役割

牛乳には甘味成分である乳糖が約5％含まれています。乳糖はその構造上、パン酵母の餌にはならない糖なので分解されず、カラメル化やメイラード反応を経て焼き色や味や香りに貢献します。また、牛乳をパン生地に加えることは小麦粉の制限アミノ酸であるリジン等を強化することになり、栄養強化につながります。

しかし、アレルギーなどが心配な方は、やや少なめの量の水、あるいは豆乳に置き換えてもかまいません。

2　パン生地への影響

昔は牛乳をパン生地に加えると、緩み、べたつきが出て発酵が遅れることがあり、必ず一度沸騰させてから使うのが当たり前でした。しかし、最近の牛乳はほとんど超高温短時間殺菌（120℃〜150℃で1秒以上5秒以内で殺菌する方法で、UHT法：Ultra high temperature heating method とも呼ばれます）で処理されており、水と入れ替えて使ってもほとんどパン生地への影響はありません。

3　その他の乳製品

牛乳以外にも、スプレードライで作られるスキムミルク、全脂粉乳、バターを取った後に作られる脱脂粉乳、練乳、加糖練乳等、市場にはいろいろな乳製品があります。今回はふだん冷蔵庫に入っている牛乳を使う設定でレシピ（配合）を作っていますが、興味があれば他の乳製品も試してください。

わが家の冷蔵庫には豆乳が入っていることが多いので、これで仕込むこともありますが、製パン性の変化はほとんどありません。

77

水

1 水道水で充分です

　パン作りに適した水は、硬度120mg/ℓ前後のやや硬水（軟水:0〜120mg/ℓ、硬水:120mg/ℓ以上WHO基準）と言われていますが、日本の水道水の90％近くが硬度60mg/ℓ前後にあります。これまで、日本のいろいろな地域の水道水でパンを焼いてきましたが、水道水である限りパン作りに支障のある水にはお目にかかっていません。まずは安心して水道水をお使いください。

　ただし、地下水をお使いの地域はその限りではありません。というのも以前、軽井沢でパンを仕込む機会がありましたが、よい意味でパン生地が絞まります。水道水を使った一般の配合ではよいパンができず、軽井沢には軽井沢のための配合が必要でした。

　ミネラルウォーター、特に硬度の高いコントレックスなどを使う方もいますが、本書では特殊な製法、特殊なパンを目指しているわけではありませんので、水道水で充分です。

2 加水の多い方が美味しいパンになります

　最初のうちは少し硬めのパン生地の方が扱いやすいです。耳たぶの硬さとよく言いますが、捏ね上がりを耳たぶより柔らかい赤ちゃんのお尻を想像しながら加水の量を決めてください。でも、慣れてきたらできるだけ水は多く加えることです。パンが美味しくなりますし、硬くなる（老化）のも遅くなります。

3 パン生地の温度調整

　水はパン作りの材料の中で一番重要な役割を担っています。無理をすれば米粉でもパンは作れますし、塩、砂糖が無くても、あるいはその代替品でもパンは作れます。でも、水に代わるものはどこにもありません。パン酵母があっても水がなければ何の役にも立ちません。そのうえ、使用する水温を調整することでパンの生地温度もコントロールすることができます。クロワッサンなど低温に捏ね上げるパン作りのときは、前日からペットボトルに水道水を入れて冷蔵庫で冷やしておいてください。夏場はこのペットボトルの冷水が他のパン生地の仕込みにも活躍します。

　こうしてみると、いろいろな点で日本の水は世界中で一番パン作りに適している水といえるかもしれません。

4 水のpH

　少し科学をかじった方は、水のpHが気になるかもしれません。pHとは水に溶けている水素イオンの濃度を1から14の数字で表したものです。中性が7で数字がこれより大きいほどアルカリ性が強く、小さいほど酸性が強くなります。

　パン生地にはパン酵母の活性のためにも、グルテンの締まりのためにも弱酸性が適していると言われますが、小麦粉の緩衝作用もあり、皆さんが普段飲んでいる水道水（pH 5.8〜8.6：厚生労働省水道水水質基準による）で、製パン性に影響が出ることはほとんどありません。

水の硬度

硬度とは「水中のカルシウムおよびマグネシウムの溶解量を一定の指数で表したもの」で、1リットルの水中にあるカルシウムの量に換算して表します。日本の平均的な水道水は硬度60mg/ℓ程度でやや軟水と言われていますが、製パン適性としては問題ありません。

STEP 3

パン作りの作業

美味しいパンを焼くまでにはいろいろな工程があります。小麦粉と水の塊があんなふっくらとやわらかいパンに変わるのですから仕方のない作業です。一つ一つの作業が大切な意味を持っています。ぜひ意味を考えながら作業に取り組んでください。

一度パン作りを経験すると、パン屋さんのありがたみが身に染みます。こんな面倒な作業をして、あんなにお安い値段でパンを売ってくれるパン屋さんが神様に見えるはずです。

パン作りの道具

パン作りは意外に準備が大切です。パン材料に関してはすでに触れていますが、作業道具も事前に準備してください。

- デジタルばかり
- ポリ袋（計量、ミキシング用：横幅20㎝前後　厚さ0.03㎜以上）
- 水入れポリ袋とクリップ（作業台の温度調整用：横幅30㎝前後）
- 作業台（できれば石製。写真は30㎝角を2枚、貼り合わせています）と滑り止め
- セルベラ（またはドレッジ、カード）
- スケッパー
- めん棒
- 温度計
- 発泡スチロールの箱（ふたつき）
- ライトロンスリット（樹脂のシート、発酵箱・ベンチボックスの中敷用）
- 発酵用ボウル
- 発酵器
- 定規、メジャー
- ピザカッター
- ペティナイフ
- はけ（粉払い用、塗り卵用）

- 食パン型
- パウンド型
- 菊型（ブリオッシュ・ア・テット用）

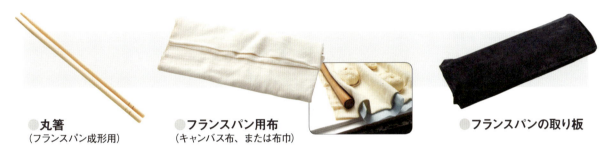

- 丸箸（フランスパン成形用）
- フランスパン用布（キャンバス布、または布巾）
- フランスパンの取り板

- フランスパンの挿入用板（ダンボール、板、または塩ビ板）
- 波刃ナイフ（パン・ド・カンパーニュのクープ用）
- クープナイフ（両刃のかみそりと割り箸）

- あんべら（一般的にはステンレス製が多い）
- ゴムべら
- 霧吹き
- ベーキングシート
- ラップ材
- クッキングペーパー
- 手粉（ボウルに入れて）
- バター（または離けい油）

フランスパンのときは裏返して使う

- 天板（オーブン）、蒸気用天板（オーブントースターの天板）
- ミトン

全てそろっていなければパンが作れないわけではありませんが、使う時に慌てて準備していては決して美味しいパンは焼けません。

パン生地の仕込み（ミキシング）

1　材料選びと前処理

　まずパン生地を仕込む前に、配合を考え、同じ材料でもどのメーカーの物にするか、どの程度のグレードのものを選ぶかも美味しいパンを作るためには大切な技術・知識です。

　加えて、各材料の前処理もお考えください。特殊な前処理の必要なものはその都度ご説明しますが、基本は小麦粉に加える物は小麦粉の吸水率60％の硬さ（パン生地を作る場合、生地の硬さを赤ちゃんのお尻や耳たぶの硬さなどに例えて表現しますが、そのくらいの硬さになるのが薄力粉で60％、強力粉で70％程度の吸水率ということです。具体的にいえば、例えば薄力粉100gが含みきれる水の量が60g、強力粉なら70gという意味です）と同程度に近づけてから、といった配慮が必要です。

　極端に吸水率の異なるもの、例えばポテトフレークのようなものはあらかじめ水に戻してから加えます。パン生地に加えるレーズン（水分14.5％）なども、パン生地の水分である40％前後に近い状態で加える、といったことです。（レーズンの前処理についてはステップ4のレーズンパンで説明します。）

2　計量について

　配合表に従って材料を量ってください。重量の少ないものほど正確に丁寧に量るのがポイントです。重量の多い小麦粉や水は少しぐらいいい加減でもパンのできにそれほど影響はありませんが、重量の少ない塩やインスタントドライイーストをいい加減に量るとパンの発酵だけでなく味、形に大きな影響が出ます。

　もう少し具体的にいえば、ベーカーズ％で書かれているものは小数第一位までを有効数字と考えます。この数字で実際の重量を計算すると、小数第二位まで数字が出てくることもありますが、四捨五入して小数第一位までで考えください。なお、重量の大きいものは、これもさらに四捨五入してかまいません。

3　粉状のものを混合する

　いよいよ仕込みです。まず心がけることは材料を均一に混合することです。そのためには、粉末状のものは水を加える前に粉末同士で均一に混合しておくことです。ボウルを使う場合は5本の指を使って、ポリ袋を使う場合は袋の中で均一にしておきます。

● ボウルの中で

● ポリ袋で

4　水を加える

　加水量(加える水の量のこと)が分かっている場合は、できるだけ一度に水を加え、空気も一緒に入れてポリ袋の内壁にたたきつけるイメージで激しく振ります。あ

る程度塊になったらポリ袋の上からもむようにして生地をつなげます。ここで生地がまとまると、ポリ袋から取り出しやすくなります。

5　生地をつなげる

　ポリ袋の中である程度塊になったら、ポリ袋から生地を取り出し作業台の上で50回前後もみます。これで生地の弱いつながりができますので、ここで20（～60）分休ませます。この生地を休ませることをオートリーズ（autolyse 自己消化、自己分解）と言います。

　ところで、ミキシングの目的はグルテンをつなげ、薄い膜状に延ばすことです。でも、一生懸命力を入れてミキシングするだけが生地をつなげる方法ではありません。生地を適当に休ませることも立派なミキシングであり、生地をつなげることになるのです。これが「オートリーズ」という作用の効果です。（P.84 写真参照）。

　この時大切なことは、できるだけグルテンができやすい環境にしてあげることです。つまり、グルテンをつなげるのに必要な小麦粉、水、モルト等の酵素剤がそろうこと。一方でグルテン結合を阻害する油脂や、グルテンを締め、収斂作用を促す塩（塩はグルテン組織をより強力にし、グルテンをしっかりと形成させ、窯伸び等も良くしますが、塩の存在はグルテンのつながる速度を遅くします。ですからこの本ではグルテンをしっかりとつなげた後に塩を添加する「後塩法」を採用しています）はまだ、添加しないことです。

6　インスタントドライイーストを　加えるタイミング

　本来ならパン酵母はオートリーズ後に加えるのですが、本書ではオートリーズ前に加え、生地中に不均一ながら分散させておくという手順を紹介しています。

　というのも、今回使っているインスタントドライイーストは保存性をよくするために水分を5～8.7%（メーカーによって差があります。本書ではサフ社製5%のものを使用）と、パン酵母（生）の水分68.1%よりも大幅に少なくなっており、活性を戻すためには相当量の水分を含ませないとならないからです。その所要時間は15～20分です。そのため、あえてオートリーズ前に加え、その後全体に均一に広がるように捏ねるという手法をとりました。

生地がつながっていく様子

出典：Maeda, T., cereal chem. 90(3), 175-180. 2013（※印以外）

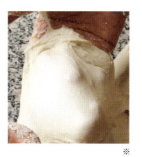

●蛍光顕微鏡写真

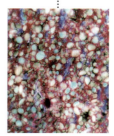

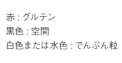

赤：グルテン
黒色：空間
白色または水色：でんぷん粒

ミキシングで生地が徐々にできていく様子（左から右へ）。本書ポイント3（P.8）で説明したグルテンの形成度合いの数字に当てはめると、左から10、40、80、100といえます。下はそれぞれの様子を蛍光顕微鏡で見た様子。

7 オートリーズの効果は 20〜60分

オートリーズは 20 分を基本にし、60 分までが適当です。長ければそれだけ効果があるというものでもありません。オートリーズが終わりましたら気合を入れてミキシングにかかります。生地配合や作るパンにもよりますが、しっかりグルテンを出したい時は 100〜200 回の生地もみが必要です。ここで、グルテンの結合を 8 割ぐらいまで持って行きます。

なお、オートリーズ前にインスタントドライイーストを加えている生地は 20 分を厳守してください。

● オートリーズ前　　● オートリーズ後

8 ミキシングの 3 要素（基本動作）から、自分流を選ぶ

ミキシングの 3 要素（基本動作）は「たたく、のばす、たたむ」です。これまでの手仕込みの方法では、ボウルの中である程度生地をつなげたところでボウルから取り出し、生地をテーブルに「たたきつけ」ます。この時、「たたきつけた」生地は手から離しません。ですから「たたく」というよりは「手に持ったまま投げつける」と表現した方が正しいかもしれません。この動作で生地に強い衝撃を与えると同時に、生地を「引きのばし」ます。そして、長く伸びた（広く延びた）生地を一つの塊にまとめることを「たたむ」と表現します。

ミキシングの基本動作はあくまでもこの 3 つですが、この 3 つが均等にミキシングという動作の中に組み込まれていなければならないということはありません。この中の 1 つでも立派なミキシングになります。よく発酵をとると生地が「つながる」と言いますが、発酵は言葉を変えると「生地を延ばす」ことです。この本ではご近所へのご迷惑と自分の体力の温存を考えて、「のばす、たたむ」を中心にミキシングしていますが、夫婦喧嘩の後、上司に腹が立った時はぜひ「たたく」を中心のミキシングに切り替えてください。きっとパンも今の気持ちを表現した元気の良いパンが焼き上がるはずです。

● 「たたく」と「たたむ」

● 「のばす」と「たたむ」

9 塩、油脂は後から加える

グルテンが 8 割ほどできあがったところで塩、バターを加え、さらにミキシングを続けます。（グルテンが 8 割つながっていればパンは立派に窯伸びします。つまり、塩、油脂を入れるタイミングはほぼ生地ができあがった時点です。）

今回のミキシング方法は

① （一社）ポリパンスマイル協会が世界一簡単な製パン法として普及活動をしている、ポリ袋を使って小麦粉と水をミキシングする方法を採用しています。この方法だとキッチンを汚さず、小麦粉への水回しが簡単に、均一に、手早くできるからです。

② 塩、油脂を除く原材料で生地を作った後はオートリーズ（autolyse 自己消化、自己分解）を 20 分とります。小麦粉に水を加えて寝かせるとグルテンは自然につながってきます。捏ねるだけが生地をつなげる手段ではありません。

③ その後生地を手捏ね（ミキシング）します。ミキシングの 3 要素は「たたく、のばす、たたむ」です。「たたく」を中心にしたミキシングをすると、マンションなどではご近所からクレームが来るほど大きな音がします。

そんな訳で、今回はたたくのを控え、練る（のばす、たたむ）動作を中心のミキシングとしました。

生地温度に気をつけながらグルテンが薄く、均一に延びるまでがんばります。ミキシングを終了するタイミングはグルテンチェックで確認できるのですが、最初のうちはなかなか生地を極限まで薄い膜のように延ばすコツがつかめず、難しいと思います。でも、要領がつかめれば意外に簡単な作業ですので、諦めず、気長に挑戦してください。

先にも言いましたが、バターをミキシング後半で加えるのはバターがグルテンの結合を阻害するためです。塩もグルテンを引き締め、グルテンをつながりづらくしますので、ここでは後塩法という、より楽にグルテンを出す方法を採用しています。

10　グルテンチェックを練習しよう

グルテンチェックの技術の習得は、ノンビリ、ゆっくり、とにかく焦らないことです。左右の指先を互い違いに前後させながら生地を少しずつ、ほぐすようにゆっくり引き延ばします。練習することはもちろんですが、動画、インスタグラム等でプロの動作を参考にしてコツをつかんでください。

また、延ばした生地で、グルテンのでき加減を見極める力も大切です。下にテーブルロール生地の、捏ねる回数によってつながっていくグルテンの様子を紹介しました。手ごねの場合、どんなにがんばっても機械のミキサーには及びませんから、捏ねすぎるということはありません。がんばって、しっかり捏ねてください。

11　生地を乾かさない配慮は、いつも！

仕込み上がった生地は丸めて発酵をとりますが、とにかく生地を乾かさないことが大切です。パン作りに

グルテンとは

よく勘違いされますが、小麦粉にグルテンはありません。小麦粉にあるのはグリアジンとグルテニンというタンパク質です。グルテンは、このグリアジンとグルテニンに水を加え、軽くミキシングすることで初めてできるタンパク質なのです。グルテンは、はじめは緩い結合の塊ですが、ミキシングをすることで強い結合の、薄く延びる膜に変化します。この膜でパン酵母が出す炭酸ガスを包み込んで風船のように膨らみ、パンの気泡を形成するのです。

● グルテン分子

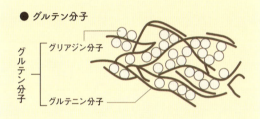

資料：Bietzら（1973年）

はオートリーズ、一次発酵、ベンチタイム、ホイロと何回もパン生地を長時間放置する工程があります。ボウルにはこまめにラップをかけるほか、ボウルに多めのバターを塗っておき、丸めた生地の表面をそのボウルに押し付けて反転させることにより、生地表面にバターの被膜を作って乾燥を防ぐという方法もおすすめです（P.86写真参照）。どちらにしても、細かく気を使ってください。

オートリーズ前

オートリーズ後

オートリーズ後50回

さらに100回（オートリーズ後150回）

さらに150回（オートリーズ後300回）

塩・バター添加後、さらに150回（生地完成）

● ボウルにラップ

オートリーズや発酵を取るときは必ずラップをする。

● 発酵器

一定温度と湿度がキープできる家庭用発酵器。温度27℃でセットしておくとオートリーズから発酵、ベンチタイム、ホイロと、ほとんどに対応できる。湿度が安定していれば、ラップなしで入れてもよい。

● 発泡スチロール箱

ふたつきが望ましい。なければラップをして。室内、風呂場、コタツと置き場所が自由になる。また、中に台を置いて網を載せ、湯を注げば湿度・温度も調整できる（1時間程度）。

バターを使った乾燥防止方法

● ボウルに
　バターを塗る

● 生地を押し付ける

● 生地を
　反転させる

● バターがついた
　面を上にする

12　グルテンは形状記憶合金に似ている

　発酵段階での生地のボリュームや形は、オーブンに入れたときに再現されます。つまりグルテンは形状記憶合金の性格に似ていて、一度大きく延びたグルテンは、窯の中でもその大きさを再現してくれるのです。一度膨らませた風船は、子どもでも簡単に膨らませられるのと同じことです。

　このことから、次のようなこともいえます。発酵をとるボウルの形状は、できるだけ焼き上げるパンの形状や大きさに近いボウルを使うのが望ましいということ

です。

大きなパン屋さんの食パンは4時間中種法という4時間の中種発酵をとる製法を採用していますが、この発酵に使うボックス（ボウル）は食パンの焼成に使う焼き型を何倍にも大きくした形状のものです。腰の高いパンを焼きたい時は底面が狭く側面の背が高い発酵ボックス、平たいパンを焼きたい時は平たい発酵ボックスを使うことで、グルテンがその形状を記憶し、窯の中でも生地はそのときの方向にのびてくれるというわけです。

13　作るパンによって、仕込み方は違う

パンには、しっかりミキシングをしてグルテンをつなげ、ボリュームを大きくするものもありますが、中華まんじゅう、パン・リュスティック、クロワッサンなどのように、あまりミキシングをしないで味の濃い、口どけの良いパンに仕上げるものもあります。

自分がどんなパンをどんな味に、どんな食感・食べ口にしたいのかで仕込みの程度を決めてください。でも、パン作りに手を染めたばかりの段階ではそこまで考える必要はありません。とにかくしっかりパン生地を練ってください。

14　加水量の決め方

小麦粉に加える水の量は、多い方が美味しいパンに焼き上がるということはすでにお話しています。しかし、水分が多いとパン生地がべたついて取り扱いが難しくなります。したがって、慣れるまでは少し硬めに仕込むことをお勧めします。でも、パン生地は柔らかい方がパンも軟らかく、美味しく、そして老化も遅くなることは忘れないでください。

15　水の温度調整をする

本当は使う水の温度を計算する数式があるのですが、パン作りを始めたばかりでは、そこまで気にする必要はありません。ただ、できれば今の室温と使った水の温度、そして捏ね上がったパン生地の温度、この3点は記録しておいてください。次回仕込む時の貴重な資料になります。

あえて原則を言えば、生地温度を1℃上げたい時は水温を3℃上げ、1℃下げたい時は水温を3℃下げることになっています。しかし、家庭製パンのような少量仕込みの場合は室温に影響される方が大きく、必ずしもこの原則が当てはまらないようです。

16　ミキシング中の温度管理

パン生地作りでは温度が重要です。しかしそうは言っても寒い冬、暑い夏のキッチンでは気温に左右されて生地温度が目標温度から大きく離れることが多々あります。そんな時は大きめのポリ袋にお湯（夏場は冷水）を1ℓほど入れ、空気を抜いてこぼれないように栓をしたもので作業台を温めながら（冷やしながら）ミキシング作業を進めましょう。空調環境を整えるより、より簡単に希望温度に近いパン生地を仕込むことができます。お試しください！

なお、不幸にして生地温度が目標よりもずれていた場合、1℃のずれでトータルの発酵時間（一次発酵＋ベンチタイム＋最終発酵）を20分増やす、または縮めるということで調整できるといわれています。

17　発酵時間も生地ミキシングの一部

家庭製パンの先駆者・宮川敏子先生は、仕込んだパン生地をポリ袋に入れて翌朝まで冷蔵庫で熟成させた後、分割、成形、ホイロ、焼成と朝食に間に合うようなパン作りを奨励していました。今でこそパン生地冷蔵発酵は普通に行われていますが、50年も前にすでに実践していたことに驚きます。

このように低温で長時間熟成した生地を分割・成形すると、生地のつながりがよくなっていてボリュームの大きな、美味しいパンに焼き上がります。

発酵（一次発酵）

1　パンの定義

「小麦粉等の穀粉にパン酵母、塩、水を加え、ミキシングして、発酵をとり、焼き上げたものをパンという」。これがパンの定義です。つまり、発酵をとらないクイックブレッドなどは、正式にはパンとは言えません。発酵をとることでパン酵母や乳酸菌が働き、パン生地中に好ましい有機酸、アミノ酸、アルコール等が充満することで美味しいパンが焼き上がるのです。

2　パンの美味しさは発酵にあり

世の中には発酵食品と言われるものがたくさんあります。味噌、醤油、酒、味りん、ヨーグルト、乳酸飲料、そしてパン。これらの美味しさはみな酵母菌や乳酸菌等の働きによって作り出されています。そしてなんとも贅沢なことに、パンにこれらの発酵食品を加えることでより美味しいパンにすることも可能なのです。

3　パン酵母のガス発生力と　　パン生地のガス保持力

パン酵母はパン生地中の糖を分解して炭酸ガスを発生します。でも、炭酸ガスが作られてもそれを包み込み、逃がさない膜が必要です。それがグルテンです。パンのボリュームを大きくするのは、このパン酵母が糖を分解して生産する炭酸ガスの量と、パン生地中の、滑らかに膨らむ強く薄いグルテンのガス保持力なのです。

4　パンチとは

パンチはガス抜きとも呼ばれ、直捏法（ストレート法）の一次発酵の途中でパン生地のガスを抜き、生地を折りたたみ、丸めかえすことも言います。その目的はパン酵母の発酵で生地中に充満した炭酸ガスを排出さ

せ、パン酵母のための新たな酸素を供給し、パン生地温度を均一にし、グルテンを絡めることで加工硬化を起こし、パン生地の弾性を高める（腰、力を付ける）ことにあります。

その理想的な方法は、たっぷりの油脂を塗ったボウルの中で発酵をとったパン生地を、20 ～ 30㎝の高さから、ボウルを裏返して自重で落とし、生地全体に同等な衝撃を与えることで余分なガスを抜くことです。パン生地中の不均一な気泡は、大きい気泡ほど内圧が小さく、衝撃に弱いですから、大きい気泡ほど潰れて、分割され、気泡数が増加します。内圧の大きい小さい気泡はそのまま存続することで、パン生地内の気泡はより均一な大きさになります。

パンチのタイミングは原則、一次発酵時間の3分の2の時点と言われますが、その時期を早めればパンチの効果は弱くなり、遅くするとその効果は大きくなり、生地弾性は強くなります。ですから、パンチを忘れて、実際のタイミングより遅くパンチをするときは、通常よりも弱めにパンチをしなければなりません。

なお、パンチのタイミングを計るには、「指穴テスト」という方法があります（P.89 参照）。

5　発酵をとる場所

ボウルに入れたパン生地はラップをかけて、お風呂場の湯船の上に浮かべた発泡スチロールの箱の中やコタツの中、あるいはお部屋の一番暖かそうなところに置いてください。知っていただきたいのは、暖かい空気ほど軽いということです。つまり同じ部屋なら天井付近が暖かいですし、床付近が涼しいということです。

もし、発酵させる空間の温度が目標の27℃より高ければ発酵が早くなりますから、発酵時間は短くしなければなりません。逆に低ければ発酵時間を長くとります。真夏で室温が高い場合は使うパン酵母の量を少なくする方法、逆に真冬で室温が低い場合はパン酵母の量を多くするといった方法もありますが、これはもっと上級に進

んだ時に勉強しましょう。

　何度もいいますが、大切なのはパン生地表面を乾燥させないことです。パン生地表面が乾燥してしまうとパン生地が延びきれませんし、外部からの熱も吸収しにくくなるので、オーブンに入れても焼けにくくなるのです。

● 指穴テスト

生地の表面に粉を軽く振る。

粉をつけた中指を、生地中央部分に深く差し込む

指を抜いた後がそのまま残っていればパンチのタイミング。戻るようならもう少し待つ。

分割・丸め

1　パン生地を傷めないように

　発酵をとったパン生地のグルテン膜は傷みやすくなっています。なぜなら、グルテン膜は薄く、中に炭酸ガスが入っているからです。分割した生地の切断面はべたつき、より傷みやすい様相を呈します。理想は、生地に対して1回の分割で所定の重量を切り取ることですが、そう簡単にはいきません。でもできるだけ少ない回数で分割重量を合わせてください。

2　食パン型の容積を量り、パン生地の重量を決める

　食パン型を実測する方法はいろいろありますが、ここでは一番簡単な方法、つまり型に水を張ってその重量を計りましょう。水の重量がすなわち型の容積です。
　食パン型は水漏れしないとは限りません。むしろほとんどの食パン型が水漏れします。そのため、水を入れる前に食パン型の内側にラップを敷いて水漏れしないように準備をお願いします。デジタル秤の上にバットを乗せ(水が漏れた時の用心です)、ラップを敷いた食パン型を乗せます。表示を0にして(風袋を除いて)静かに水を注ぎます。表面張力で少し盛り上がるくらいまで一杯に水を張った時の重量を記録します。
　いろいろ種類の違う型をお持ちの時はこの際すべての型の容積を量っておいてください。
　型の容積に対してどのくらいのパン生地重量をパン型に入れるかを「型比容積」と表現します。市販の食パン(四角いプルマン形)の平均値は4.0程度ですが、家庭製パンではそこまで軽い食パンは難しいでしょうから、今回は3.8に設定します。
　通常の1斤型は1700mlですから、ふたつきでプルマン形に焼く場合は3.8で割ると447.4、つまり約450gとして、225gのパン生地を2個詰めることになります。一方、山形(イギリスパン)に焼くときは、さらに重量を多く詰めます。

3　丸めの強さは様々

　丸めとは、分割したあと、ベンチタイムで発生するガスが逃げないように、あるいは次の工程である成形がしやすいように生地を丸くすることをいいます。

単に「丸め」と言っても、その強さ加減や形状はさまざまですが、分割後の丸めはできるだけゆるく、簡単にすることです。つまり、触り過ぎないということです。

そしてその後、食パンなら20分以内、菓子パンなら15分以内に芯がなくなり、次の動作に移れるような丸め方を工夫してください。

4 成形の形を想像して

フランスパンでの分割・丸めは、次の成形の工程で作る形を見越しておく必要があります。つまり、ブールやバタールを作る時は丸い形でよいですが、バゲットに成形するならこの段階で長方形にしておきます。

一方、食パンの丸めは、丸形よりもまくら形にした方がきれいな内相になります。なぜでしょう。考えてみてください。

答えを書きます。

ベンチタイムをとった後、めん棒でガスを抜き、広く延ばしますが、このとき生地がまくら形なら楕円形に広がります。これを縦長において手前からのり巻きの要領でくるくると巻くと巻き回数が多くなり、結果、内相が細かく、きれいになるのです。

むずかしい？ カンタン？ 丸め

なかなか上手に丸められないのはあなただけではありません。初めから上手に丸められる人はいません。でも安心してください、逆に、パン屋さんでパン生地を丸められない人はいません、つまり誰でもできるようになります。安心してゆっくり取り組んでください。

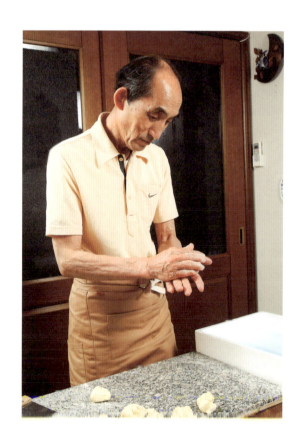

ベンチタイム

1　15〜30分が目安です

　そもそもベンチタイムとは、構造緩和、つまり丸めで加工硬化を起こして硬く丸まっていたパン生地を休ませ、次の成形（加工硬化）をやりやすい物性にする時間（工程）のことで、一般的には15〜30分が目安です。

　パンによっても違いますが、意外にここでの時間が最終のパンの品質に大きな影響を与えます。つまり、後半の発酵ほどパンの外観、焼き色に顕著に影響するということです。

2　パン生地に芯が残っていてはダメ

　ベンチタイムを取った生地を触ってみて、芯があるようではまだ次の工程に移れません。分割時にしっかり、きれいに丸めてしまった生地は時間がたっても芯が残りがちです。その段階で無理をして成形すると肌切れ（生地表面が切れて、べたつくこと）等の弊害を起こします。つまり、分割後の丸めはあまりきつく丸めない方がよいのです。

　しかし、これとは全く反対に分割・丸めをしても腰がなく、へたったままの生地もあります。そんな時は、強めに丸めたり、再度丸め返し、もう一度ベンチタイムを取ることで腰のあるパンに焼くこともできます。

3　ここでもパン生地を乾かさないように

　どんなときでも、パン生地の最大の敵は生地表面の乾きです。発酵時間中は常にその危険にさらされています。面倒がらずにパン生地の入っている容器にふたをするなり、ラップをかけるなり、ポリ袋に入れるなり、対策をお願いします。

成　形

1　できるだけシンプルな成形を

　誰でも、できるだけ見栄えのする、複雑な形に焼き上げたいのが人情です。しかし、複雑な形に仕上げるにはそれだけ手を加えることであり、せっかくそれまでパン生地の中に蓄えてきたアルコールや有機酸、芳香物質等を全部生地の外に捨てることになります。食べて美味しいのはそれまで蓄えてきたすべての発酵物質をパン生地の中に取り込んだまま焼き上げる、シンプルな成形です。

2　手粉は使わない方が良いの？

　手粉はできるだけ使わないことが美味しいパンを作るポイントのように言われています。でも本当でしょうか？　手粉を避けるあまり硬めの生地を作っているのをよく見ますが、これは本末転倒です。手粉は必要不可欠なものです。柔らかい生地を仕込んで適量の手粉を使うことを心がけてください。

手粉も国によって違います

手粉はお台所を汚します。そうでなくてもパンを作ると小麦粉が飛び散ります。スペインのパン屋さんには手粉がありません。全てオリーブオイルを手粉代わりに使っています。いかがですか？　お台所をきれいに使いたいなら少量のオリーブオイルを使って作業をしてみませんか？

ホイロ（最終発酵）

1　数字にとらわれすぎないで

　パン作りのテキストにはホイロの温度・湿度を32℃、80％、あるいは27℃、75％等と書いてあります。そもそもホイロとは成形で硬くなった生地を緩ませ、ガスを十分に内部に蓄えて窯伸びを促し、ソフトで火通りのよいパンに仕上げるための最終工程です。

　であれば、テキストに書いてあるこの数字を、必ずしも厳格に守る必要はありません。指示温度、湿度を上限に、最低温度はパン酵母が活躍できるぎりぎりの15℃を下回らない範囲での設定で結構です。要は、ホイロでは期待するパンのボリュームの8割程度の大きさにすればよいのです。

2　バターの多い生地は、バターの溶解温度以下で

　ブリオッシュ、クロワッサン、デニッシュペストリー等のようにバター配合の多いパン生地は、バターの溶解温度である32℃より5℃低い温度でホイロを取るのが原則です。

　つまり油脂添加量の多いパン生地は、使用する油脂の溶解温度マイナス5℃が最終発酵温度（ホイロの温度）、と心がけてください。

3　ホイロ（最終発酵）の時間

　食パンのように型に入れて焼くパンの場合、最終発酵（ホイロ）の温度湿度の条件が一緒であれば、この時間の長さと、窯伸びの大きさは反比例します。つまり、ホイロの所定時間になっても膨らみきらないために時間を延長するような生地は、窯に入ってからも伸びないので、その分ホイロでボリュームを十分大きくしてから窯に入れるということです。一方、ホイロの所定時間より短時間でボリュームが出てしまった生地の場合はその反対で、オーブン内でもその生地の勢いのまま大きくのびますので、早めに窯入れしないと、のびすぎたパンになるということです。

　しかし本来、最終発酵はゆっくりとった方が味は良く、型に入れないものはボリュームも大きくなって軽いパンが焼けます。パン生地表面を乾かさないようにさえ注意していただければ、ある程度温度が低い環境（最低15℃）でも時間がかかるだけで最終発酵（ホイロ）は取れます。つまり、一度にオーブンに入りきれなかった2枚目の天板も、低い温度環境でゆっくり待っていてよいということです。

　一例をいえば、通常の最終発酵環境のイメージは、天板ごと入る大きめのふた付き発泡スチロールの箱に温めのお湯を入れ、天板を浮かせた状態（台を作ってのせる）でパン生地が2〜2.5倍になるまで発酵をとるというものですが、それより涼しい室温に、パン生地に触れないようにラップをかけて放置しても15℃以上あればいずれは窯入れできる状態になるということです。ただし、15℃まで低いと6時間から半日かかるかもしれませんので、加減は調整してください。

　何度もいいますが、それでもパン生地の乾きだけは絶対に避けなければいけません。表面が乾燥するとパン生地のボリュームは大きくなりませんし、焼いたときに焼き色がつかず、白っぽいパンになってしまいます。

焼　成

1　原則は、高温・短時間で焼くこと

　限度はありますが、パンはできるだけ高温・短時間で焼いてください。そうすることでクラスト（パンの表皮）の薄い、艶のある、クラム（中身）はもちもちとした、あなた好みのパンに焼き上がります。

　家庭用のオーブンではなかなか難しいですが、プロは菓子パンを6分ぐらいで焼き上げます。

2　窯入れ時の温度は高めに設定

　家庭用のオーブンでは、扉を開けてパン生地を窯入れするとどうしてもオーブン内の温度は急激に下がります。それを見越してスタート時は設定温度を実際の焼成温度より10～20℃（自分のオーブンで確認のこと）高めに設定してください。パン生地を窯入れし、扉を閉めたところで実際の設定温度に切り替えます。

3　パンの艶は、塗り卵か蒸気か？

　焼成時、菓子パン、テーブルロール、ブリオッシュ等の糖量の多い小物パンには塗り卵をします。一方、砂糖無添加のフランスパン、ドイツパン、あるいは糖の配合が少ないソフトフランス等は窯入れ時、蒸気を入れます。私はふたをした食パン生地にも蒸気を入れます。蒸気は食パン型程度のすきまでも入っていくからです。とにかく、焼成する時は塗り卵か蒸気注入か、いずれかを必ずすると思ってください。パンが見違えるほどよくなります。

　ちょっとへ理屈を言わせてもらうと、家庭用オーブンはどうしてもプロ用に比べて密閉性・蓄熱性に欠けます。一方で蒸気は優れた蓄熱材です。蒸気の利用をぜひ試してみてください。

　蒸気の入れ方は前にも説明していますが、オーブンの底に蒸気用の天板をあらかじめ入れておき、パン生地を入れる前か後に50～200ml程度の水を注ぎ入

れ、急激に水蒸気を発生させます。蒸気用の天板の手前を少し上げておく、あるいは天板にあらかじめ小石、パイストーン（タルトストーン）等を入れておくと、水の蒸発面積がさらに大きくなり、効果的に蒸気を発生させることができます。

4　蒸気の種類と発生方法について

　この本では多くのパンで焼くときに蒸気を使いますが、蒸気の出し方、種類を2通りに使い分けています。

　一つは低温蒸気が長く、多く必要なときで、この場合はオーブンの底に入れた天板に200mlという大量の水を入れます。もう一つは高温蒸気が短時間、必要な時で、オーブンの底に入れた天板に50mlと少量の水を入れます。

　この2種類の蒸気量は使用目的が違います。低温蒸気は乾燥焼きを防ぐ意味で使うので、ここではテーブルロール、菓子パン、食パンなどの場合です。

　一方、高温蒸気はオーブンに入った冷たいパン生地の表面に結露を起こし、急激に糊化・α 化させて艶のあるクリスピーなクラスト（パンの表皮）を作るためです。フランスパン、パン・ド・カンパーニュなどがそれにあたります。

5　焼きムラの解消

　家庭用オーブンは、ガスでも電気でも、どうしても前後あるいは左右など場所によって熱の当たり方が異なり、パンの焼き色にムラが出がちです。面倒でも途中で焼き色を確認し、必要な時は前後左右の入れ替えをしてください。

　ただし、焼き色がある程度付かないとその判断もつきませんし、天板の向きを変えるなら、そのあと色合いが修正できるだけの時間も必要です。何回かは勘を働かせて経験を積むしかないかもしれません。

　また、フランスパンなど直焼きのパンは、焼き色だ

けでなく、パンの底をたたき、乾いた音がすることを確認してください。焼き色がついているのにまだ湿った音がするときは、ある程度重みがあって、しなりやすい素材（わら半紙、コピー用紙など）でパン生地表面を覆ってもう少し焼いてください。軽すぎる紙ですと、中の空気の循環で飛ばされる可能性があります。

わが家のオーブンは左右に吹き出し口、背面中央に吸入口があります。ご自分のオーブンも確認しておきましょう。

6　焼成中のパン生地にはできるだけ衝撃を与えない

　焼きムラ解消のために焼成の途中で前後左右を入れ替えてください、と言いながら真反対のことを言うようですが、食パンなどの大型パンで焼成時間の長いものに途中で衝撃を与えると真ん中にリング状のシマが出ることがあります。（焼成時間の長いものはパン生地の外側からでんぷんが徐々に α（アルファ）化します。焼成が完了する前にパン生地を動かすとこの α（アルファ）化したでんぷんと、まだ β（ベータ）のままのでんぷんの境でひずみが生じ、丸いリング状のシマができます。これをウォーターリングと呼びます。）お店レベルの品質を目指すなら、そうならないよう、取り扱いはゆっくり丁寧にお願いします。

7　焼き上がったパンには、ショックを与える

　オーブン（窯）の中のパン全体が美味しそうな焼き色になったら、オーブンから取り出し、天板ごと作業台の上10〜20cmから落としてパンにショックを与えてください。こうすることでパンの気泡がより多く残り、焼き縮みを避け、食感もよい状態が保てるのです。
　というのも、窯から出たてのパンのクラムの気泡は、炭酸ガス等の高温の気体により膨張しています。これをそのまま室温で冷却すると気体は収縮し、それによってタンパク質やでんぷんの膜も収縮してしまいます。そこで、そうなる前にショックを与え、気泡膜に亀裂を入れることにより高温の気体と外気の冷たい空気を瞬時に入れ替え、収縮を防ぐわけです。
　この方法は1974年に日清製粉の技術陣によって発見され、特許も取っていますが、無料公開しています。

8　焼減率（しょうげんりつ）は、食感のよさの確認になる

　焼減率とは、焼成の時にオーブン内でどれだけの水分がパン生地から飛んだかを表す数字です。焼き上がったパンの重量を窯入れ前の生地重量から引き、それを窯入れ前の生地重量で割り、その値に100を掛けた数字が焼成率、つまり減少した水分量です。
　水分が程よく飛べば食感がよくなり老化も遅くなります。家庭用のオーブンでは難しいかもしれませんが、フランスパンで22％、食パン10％、イギリスパン13％、ドイツパン13％が理想的とされています。美味しい食感の確認してみてください。ちなみに、蒸しパンは焼成率0％です。

9　冷却

　焼きたてのパンは美味しそうに見えますし、実際に美味しいものもあります。でも全てのパンが美味しいわけではありません。
　一般には、粗熱が取れた時が一番美味しい時と言われています。特に食パンのようにスライスするものは中心温度が38℃まで下がってからスライスした方がスライス面もきれいに、美味しそうに見えます。
　ただし、焼き上がったパンはどんなパンも時間経過と共に水分、フレーバーが飛散するのは宿命です。水滴が付くほど温かいままでは困りますが、ソフト系のパンはできるだけ早めの包装を心がけてください。

STEP 4

応用のパン5種

ステップ4は、ステップ1のパンをそれぞれベースにした上級編です。ステップ1で感じた疑問をステップ2、3で解決・納得したら、ぜひ、このステップ4に進んでください。

ここでは、小麦粉の使い方、ミキシング時の原材料の投入方法など、手仕込みを前提にして、弱い力でもパン生地中のグルテンが極力薄く、なめらかになるように工夫しています。

ここまでできれば、あとは工夫次第でパン屋さんに並んでいるアイテムのほとんどを焼くことができます。がんばってください。

ITEM. 06 コーンパン

CORN BUNS

考え方としては、ステップ1のテーブルロールの生地にコーンを練り込んで焼き上げる感覚です。ポイントは「パン生地の水分（ざっくり40％前後）に、練り込むコーンの水分をできるだけ近づけること」です。缶詰のコーンは水分が多いので、できるだけ水分は飛ばしてから使いますが、それでもコーンを加えると生地が柔らかくなりますので、生地は硬めにスタートします。

ロール　　　　　総菜コーンパン

工 程

■ ミキシング	手仕込み（40回↓IDY10回　AL20分 150回↓塩・バター150回↓コーン100回）
■ 生地温度	28〜29℃
■ 発酵時間（27℃、75％）	60分　パンチ　30分
■ 分割・丸め	70g
■ ベンチタイム	20分
■ 成形	丸形、好きな具材を包む
■ ホイロ（32℃、80％）	40〜50分
■ 焼成（210・200℃）	9〜12分

IDY：インスタントドライイースト　AL：オートリーズ

配合（材料）

Chef's comment　材料の選び方

スーパーの棚に並んでいる小麦粉からパン用粉（強力粉）とめん用粉（中力粉）を選んでください。メーカー、国内産、外国産は問いません。中力粉を20％配合するのは手仕込みの労力を軽くするためです。（詳細→P.68）

本来は耐糖性のあるインスタントドライイースト（金）を使いたいところですが、慣れないうちにあまり原材料を増やすのも感心しませんので、ここではインスタントドライイースト（赤）を使います。

普段お台所で使っている塩をお使いください。砂糖とのバランスとしてはもう少し多くていいのですが、コーンの味・香りを強調したいのでこの量にしています。

これも普段、お料理に使っているもので構いません。少し少なめですがスイートコーンからの甘みもありますので、この量で充分です。

これもお台所にあるものでかまいません。配合量が少ないのは、できればクラストにサク味を出したいからです

ボリュームを出すこと、焼き色を良くすることが目的です。

味、焼き色を良くすることが目的です。水分量は調整しなくてはなりませんが、他の乳製品でもかまいません。

これを使うことで香りが格段にコーンパンらしくなります。つまり、コーンのフレーバーが強く出ます。

水道水でかまいませんが、スタートはテーブルロールよりもかなり硬めに仕込みます。後半で加えるスイートコーンから水分が出ますので、それを見越してここでは硬めにスタートします。

ここでは缶詰のコーンを使いますが、ここに表記したのは「汁気をきり、火にかけて余分な水分を飛ばしたもの」の重量です。フライパンで塩を振りながら、少し焦げ目がつくくらいまで炒めると、いっそうおいしくなります。どちらにしても、水をきっただけでは使えません。（参考→P.101）

70gの生地7個分

材　料	粉250gの場合(g)	粉500gの場合(g)	ベーカーズ%(%)
小麦粉（パン用粉）	200	400	80
小麦粉（めん用粉）	50	100	20
インスタントドライイースト（赤）	7.5	15	3
塩	3.75	7.5	1.5
砂糖	25	50	10
バター	12.5	25	5
卵	37.5	75	15
牛乳	37.5	75	15
コーン缶詰の液	37.5	75	15
水	42.5	85	17
スイートコーン（炒める）	87.5	175	35
合計	448.75	1072.5	214.5

そのほかの材料

- 塗り卵（卵：水＝2：1の割合に塩少々を加えたもの）　適量
- コーンフィリング（前処理したコーン100に対してマヨネーズ30を加えたもの）　適量

ITEM. 06 / CORN BUNS

ミキシング

1

ポリ袋に2種類の粉と砂糖を入れ、空気を含ませてよく振る。袋の底角を指で押し入れ、袋を立体的にしてよく混ぜる。

2

よく溶いた卵、牛乳、コーン缶詰の液、水も袋に加える。（全部を合わせてから注ぎ入れてもよい）。

3

再びポリ袋に空気を入れて立体的にし、パン生地を袋の内壁にぶつけるように強くしっかり振る。

4

ある程度塊になってきたら、袋の上からしっかりもむ。

5

生地を作業台の上に出して、40回ほどもみ、インスタントドライイーストを加えてさらに10回ほどもむ。

オートリーズ→
詳細 P.83 参照

6

オートリーズを20分とる。生地を丸め、閉じ口を下にしてバターをうすく塗ったボウルに入れ、乾燥しないようにラップをする。

7

生地を広げ、インスタントドライイーストが均一になるよう「のばす」「たたむ」で150回をめどに混ぜ込んでいく。

8

生地を広げ、塩とバターを加える。「のばす」「たたむ」を150回繰り返し、生地をつないでいく。生地を小さく切って、重ねていくと効率が良い。

9

グルテンができてきた。

Chef's comment　ミキシングについて

Bread making tips
〈パン作りのコツ〉

●ミキシング

テーブルロールとほぼ同じです。ただ、小麦粉の力（タンパク質量）が弱い配合にしてありますので水の量が少なくなります。加えて、スタート時は硬めに仕込みます。

ポリ袋に2種類の小麦粉、砂糖を入れ、袋の中でよく振り、次にほぐした卵、牛乳、コーンの缶詰の液、水を入れ、同様に袋の中でよく振ります。粉けがなくなったら、袋の上からパン生地をよくもみ、一つの塊にします。ある程度つながったところで袋から出し、40回ほどもんでください。ここでインスタントドライイーストを加え、さらに10回ほどもみます。この時点では、発酵をスタートさせるのが目的ではなく、インスタントドライイーストを不均一に分散させ、インスタントドライイーストに水分を戻すのが目的です。

生地は軽くまとめてオートリーズ（20分）をとります。

20分後、生地をボウルから取り出し、しっかりした塊になるようパン生地に力を加えていきます。ある程度グルテンが成長し、パン生地の塊に滑らかさが出てきたら、これを5～6個に小さく切り分けて、そのうちの1個をテーブルに薄く延ばし、次の1個を前に延ばしたパン生地の上でさらに延ばします。これを繰り返し、小分けにしたパン生地全てを重ね合わせ、パン生地が再び一塊になったら、この動作をまたまた繰り返します。つまり、端から5～6個に分けて、1層、2層となるように重ね合わせるのです。あきたら、またボウルに戻って捏ねても結構です。

もっといい方法は、あきたら5分ぐらいミキシング（パン生地を練る）をお休みください。パン生地は休んでいる間も自然にグルテンを成長・結合させますから、パン生地作りの途中で数回休み時間を入れることで楽になり、かつ滑らかでつながりの良いパン生地を作ることができます。

もし、お宅の押し入れに使わなくなったホームベーカリーが眠っていれば、ミキシングのところだけでも手伝ってもらってください。

生地ができたらスイートコーンを加えます。硬めの生地に混ぜ込むのですからなかなか苦戦します。焦らず、気長に取り組みましょう。べたつきが無くなり、スイートコーンがパン生地にきれいに包み込まれれば生地のできあがりです。

効率アップのポイント
生地は小さく分けて、それぞれを薄く延ばして重ねると、効率よくミキシングができます。

作業台の温度調整
大きめのポリ袋にお湯（夏場は冷水）を1ℓほど入れて空気を抜き、こぼれないようにしっかり栓をしたものを作業台の遊びスペースにおき、時々作業スペースを交代します。作業台を温めながら（冷やしながら）ミキシング作業を進めるほうが、室温の調整より効果的です。作業台は写真のような石製が蓄熱性にたけています。お試しください！

ITEM. 06 / CORN BUNS

10

小さく切った生地を延ばし、何層にも重ねながら前処理したスイートコーンを加える。

11

「のばす」「たたむ」を100回くらい繰り返して練りこんでいく。

生地温度

12

コーンが、生地の表に出ず、うっすらと膜に覆われる程度まで混ぜ込む。

生地発酵（一次発酵）

13

一つにまとめ、薄くバターをぬったボウルに入れる。ラップをかけ、27℃に近い環境で乾燥させないようにして60分の発酵をとる。

14

60分経ったら指穴テストをし、中指を差した穴が戻らなかったら軽く叩いて、ガスを抜く。

15

生地をまとめ、13のボウルに戻し入れる。ラップをかけ、さらに30分の発酵をとる。

分割・丸め

ベンチタイム

16

70g×7個に分割する。

17
軽く丸める。

18

20分、ベンチタイムを取る。

100

Chef's comment　**捏ね上がりからベンチタイムについて**

●生地温度
捏ね上がりが28〜29℃といった、少し高めを目標にしてください。意外に大事なのがスイートコーンの温度です。冬場は温め、夏場は冷やしておくことで最終的なパン生地温度を調整することができます。

●生地発酵（一次発酵）とパンチ
発酵場所は27℃、75％を目標にします。お風呂場、コタツ、あるいはお部屋のなかで、目標温度に少しでも近いところにボウルにラップをかけて60分、置いてください。

パンチを入れて軽くまとめなおしたら、再びラップをして同じ環境にさらに30分おきます。

●分割・丸め
70g単位にカットします。固形のコーンが含まれていますのでその分、大きめ（重め）にカットし、丸めます。

●ベンチタイム
パン生地が乾かないようにして、生地発酵をとったときと同じ場所に20分置きます。この時間を取ることで硬かったパン生地が柔らかく、成形しやすい状態に変化します。

Bread making tips
〈パン作りのコツ〉

指穴テスト
粉を付けた中指を生地中央に深く差し込んだあとが、そのまま残っていればパンチのタイミングです。

膨らむのはパン生地だけ パート1

今回の仕込み量では、生地全体量449gのうち88g（ベーカーズパーセントで言えば35/214.5=0.16）、つまり生地の16％はコーンという固形物です。当然、このコーンがふくらんでボリュームが大きくなることはありません。つまり、膨らんでくるのは残りの84％の生地だけです。したがって70gの分割ですと、膨らむのは58.8gのパン生地だけとということです。レーズンパンも大きめに分割するのは同じ考えです。

旬のトウモロコシを使って

夏場、美味しいトウモロコシが出回る時期は新鮮なコーンを使ってください。普通、生のトウモロコシは塩水で茹でますが、パン屋さんでは常に高温の窯がありますので皮1〜2枚を残してオーブンで焼きます。家庭でも電子レンジがあれば皮1〜2枚を残して片面2分30秒で合計5分、加熱して下さい（様子を見て要調整）。

ITEM. 06 / CORN BUNS

成形

19

4個は丸形に仕上げ、残り3個は生地をめん棒で丸く延ばす。

20

延ばした生地ははかりにのせ、コーンフィリングを40gのせる。

21

生地の端をつまんでとじる。

ホイロ（最終発酵）・焼成前作業

22 乾燥注意！適温キープ！

温かく、乾燥しない環境でホイロを50〜60分とる。写真は発泡スチロールの箱に少量のお湯を入れ、樹脂の板の上にベーキングシートを敷いて生地をのせたもの。（この間に、オーブンを予熱する。底に蒸気用の天板を入れて210℃に設定。）

23

オーブンに入れる直前に、塗り卵を上面に塗り、丸形は切り込みを1本入れる。フィリングを詰めたものは上面にはさみで十文字に切り込みを入れ、切り口にマヨネーズを適量絞る。オーブンの底の蒸気用の天板に200mlの水を注ぐ（急激に発生する蒸気に注意）。

焼成

24

続いてすぐに生地をのせた天板を入れる（上下段ある場合は下段に入れる）。扉を閉めたら設定温度を200℃にさげる。

25

焼成時間は9〜12分。ただし、焼きムラが気になったら、天板の前後を入れ替える。

26

全体においしそうな焼き色が付いたらできあがり。取り出して作業台の上10〜20cmの高さから天板ごと落とす。
★2枚目の天板を入れるときは再び210℃に設定し、23〜26を繰り返す。

Chef's comment　成形から焼成について

Bread making tips
〈パン作りのコツ〉

●成形
　丸形に成形します。注意すべきことは、あまり強く丸めないことです。強く丸めるとコーンが飛び出してしまうからです。ほどほどの力加減をここで習得してください。

　バラエティーの製品が作りたければ、ここで包んでください。コーンフィリング、ポテトサラダ、卵の花、冷蔵庫にあるご自慢の総菜なら何でもかまいません。美味しい総菜パンに焼きあがります。

●ホイロ（最終発酵）／焼成前作業
　32℃、80％の環境を目標に、最終発酵をとります。パン生地表面を乾かさなければ温度は低くてもかまいません。パン生地をのせた板ごと入る大きめのふた付き発泡スチロールの箱があれば、温めのお湯を入れて台座を作り（左ページ写真参照）、パン生地が2～2.5倍になるまで発酵をとります。

　あるいは、パン生地に触れないようにラップをふんわりとかけて室温に放置しても構いません。

　最終発酵を終えたパン生地は、表面を軽く乾燥させて卵を塗るか、塗らない場合は窯入れ時に蒸気を発生させます。どちらかは必ずしてください。また、表面にナイフかハサミでカットを入れてください。見た目に変化をもたせることができると同時に、ボリュームも大きくすることができます。総菜を包んだパン生地は上部を十文字にハサミを入れ、マヨネーズを絞っても美味しくなります。

●焼成
　200℃、9～12分で焼き上げます。ここで焼き過ぎても焼きが甘くても台無しです。これまで苦労して作ってきたのですから、この時間はオーブン（窯）の前から離れないことです。火抜けが悪いので、デーブルロールより少し長めに焼きます。焼きムラがある時は前後左右を入れ替え、全体が美味しそうな焼き色になったら、オーブンから取り出し、天板ごと作業台の10～20cm上から落としてください。こうすることでパンの焼き縮みを避けることができます。

　ただし、総菜の入ったパンはあまり強いショックを与えると総菜の下の部分が潰れてしまいますので、ほどほどにお願いします。

応用編

生地をとり置いて、後日焼く方法

一度に多めの生地を仕込みたいときは、粉500gの配合で生地を作ってください。作業は1～15までは同じです。

1. 生地は約1070gできる計算なので、70g×7=490gをとったあとは580gあります。この生地はポリ袋に入れ、1～2cmの厚さに均一に延ばして冷蔵庫で保管することで、冷蔵熟成することになります。

2. 翌日、または翌々日、生地を冷蔵庫から取り出し（生地温度：約5℃）暖かいところに1時間ほど置きます。（室温にもよりますが20℃前後に上昇しています）。

3. 生地が17℃以上になっていることを確認し、16からの作業を続けます。3日以上置きたい場合は、冷凍保存してください。その場合でも1週間以内を目安に焼いてください。焼きたい前日に生地を冷凍庫から冷蔵庫に移しておき「上記2.」から始めます。

ITEM. 7 レーズンパン
RAISIN BREAD & ROLLS

ロール

バターロール

ドック

ワンローフ

これも、考え方としてはステップ1の食パンにレーズンを加えたものです。水分の多いコーンとは逆で、レーズンの水分はパン生地よりかなり少ないですから、前処理をしてパン生地の水分に近づけてから使います。この前処理を怠けると、パン生地の発酵途中、また焼き上がったパンの中でもレーズンが周りの水分を奪いますので、ぱさぱさのパンになってしまいます。

工 程	
■ ミキシング	手仕込み (40回↓IDY 10回　AL20分 150回↓塩・バター 150回 ↓レーズン 100回)
■ 生地温度	27〜28℃
■ 発酵時間 (27℃、75%)	60分　パンチ　30分
■ 分割・丸め	ワンローフ形　220g (型比容積 3.2、型容積 700ml) ドック形 80g、バターロール形 50g
■ ベンチタイム	25分
■ 成形	ナマコ形、バターロール形、ドック形
■ ホイロ (32℃、80%)	50〜60分
■ 焼成 (210→200℃)	9分 (ドック、バターロール)、17分 (ワンローフ)

IDY：インスタントドライイースト　AL：オートリーズ

配合（材料）

 Chef's comment　材料の選び方

さきのコーンパン同様に、パン用粉（強力粉）にめん用粉（中力粉）を1割加えます。レーズンの重さを支えるために、コーンパンよりもタンパク質量を若干多くします。

食パンと同じものを使います。パン酵母（生）が手に入るならそれでもかまいませんが、その場合は使用量が変わります。詳しくはP.71を参照してください。

塩であれば何でもかまいません。

砂糖であれば何でもかまいませんが、食パンよりも少し多めの方がソフトに焼きあがります。

適量の油脂を使うと、パンはソフトでボリュームが大きくなります。健康を考えてオリーブオイルを使うのもかまいませんが、パンのボリュームは少し小さくなります。

いつもご家庭にある牛乳でかまいません。味の向上、発酵の安定性など、パンを良く仕上げる材料ですが、アレルギーなどがご心配な方は豆乳や水でもパンは作れます。

水道水でかまいません。

レーズンを50℃の温水に10分間漬け、いったん水をきって、次にラム酒をレーズンの重量の10%加えます。漬け込み用の洋酒はラム酒でなくてもお好きなものでかまいません。

50gの生地12個分

材　料	粉250gの場合(g)	粉500gの場合(g)	ベーカーズ%(%)
小麦粉（パン用粉）	225	450	90
小麦粉（めん用粉）	25	50	10
インスタントドライイースト（赤）	5	10	2
塩	5	10	2
砂糖	25	50	10
バター	20	40	8
牛乳	75	150	30
水	100	200	40
漬け込みレーズン	125	250	50
合計	605	1210	242

そのほかの材料
- 塗り卵（卵：水＝2:1の割合に塩少々を加えたもの）
- 白ごま
- グラニュー糖　　　　　　　　　各適量

ITEM. 07 / RAISIN BREAD & ROLLS

ミキシング

1. ポリ袋に2種類の粉と砂糖を入れ、空気を含ませてよく振る。ポリ袋の底角を中に押し入れ、袋を立体的にすると混ざりやすい。

2. 牛乳と水を加える。

3. 再びポリ袋に空気を入れて立体的にし、パン生地を袋の内壁にぶつけるように強く、しっかり振る。

4. ある程度塊になってきたら、袋の上からしっかりもむ。

5. 生地を作業台の上に出して、40回ほどもみ、インスタントドライイーストを加えてさらに10回ほどもむ。

オートリーズ→
詳細 P.83 参照

  乾燥注意！適温キープ！

6. 20分オートリーズをとる。生地を丸め、閉じ口を下にしてバターをうすく塗ったボウルに入れる。乾燥しないようにラップをする。

7. 生地を作業台に広げ、インスタントドライイーストが均一になるよう「のばす」「たたむ」を1回と数えて、150回をめどに捏ねる。

8. 生地を広げ、塩とバターを加える。

9. 「のばす」「たたむ」を150回繰り返し、生地をつないでいく。生地を小さく切って延ばし、重ねていくと効率がよい。

Chef's comment　**ミキシングについて**

Bread making tips
〈パン作りのコツ〉

●ミキシング

　基本的には食パンと同じです。しっかりミキシングすることでグルテンが強く結合し、薄く延びることによってパンはソフトでボリュームが大きくなります。

　ミキシングの程度はグルテンチェックで確認し、食パンよりも少しグルテン膜が厚めの状態でレーズンを加えます。グルテン膜が薄すぎるとボリュームが出てレーズンの重みを支えきれなくなり、腰折れ（ケービング）します。

　この場合も、スイートコーン同様に、生地に混ぜ込むもの、つまりここではレーズンの温度が重要です。冷蔵庫から出したて、あるいは夏場、室温で温まったレーズンをそのまま使っては、とうていパン生地の温度管理はできません。漬け込みレーズンは夏場は冷やし、冬場は温めて生地温度の調整に配慮します。

作業台の温度調整
大きめのポリ袋にお湯（夏場は冷水）を1ℓほど入れたものを作業台の空きスペースにおき、時々作業スペースと交代します。作業台を温めながら（冷やしながら）ミキシング作業を進めるほうが、室温の調整より効果的です。

COFFEE TIME
漬け込みレーズンの処理

　美味しいレーズンパンを作るためにはレーズンの前処理が大切です。レーズンの水分は14.5%、一方、通常のパン生地の水分はざっくり40%前後です。単純にレーズンをそのままパン生地に練り込んでしまうと、浸透圧のいたずらでパン生地の水分をレーズンが吸い取ってパン生地が硬くなり、焼き上がったパンもぱさぱさの老化の早いパンになってしまいます。
　ここでは私のお店でやっている方法をご紹介します。レーズンを50℃の温水に10分間漬けるとレーズンの水分は10%上がり、次にラム酒を10%加えます。これでレーズンの水分はさらに10%上がって34.5%になります。これで2週間おきます。40%まで上げてしまうとミキシングの時にレーズンが潰れてしまいます。この程度の水分に抑えておいた方がパンのできは良さそうです。なお、レーズン漬け込み用の洋酒はいろいろ工夫して自分のレーズンパンを開発してください。私のお店ではキルシュリキュール、焼酎なども使っています。紅茶、ワインなどで漬け込んでも美味しくなります。

グルテンチェック
食パンより、グルテン膜が少し厚めの状態でレーズンを加えます。

ITEM. 07 / RAISIN BREAD & ROLLS

| | | 生地温度 |

10   11   12

生地と前処理したレーズンをいくつかに分け、生地を広げてはレーズンを重ねていく。

「のばす」「たたむ」を100回を目安に繰り返す。

レーズンが生地の表に出ず、うっすらと膜に覆われる程度を目指す。捏ね上がり温度をはかる（27〜28℃が望ましい）。

発酵（一次発酵）

13   14   15

乾燥注意！適温キープ！

生地を一つにまとめ、薄くバターを引いたボウルに入れ、27℃に近い環境に60分おいて発酵を取る。乾燥させないように注意する。

60分後、ほどよく膨らんだら指穴テストをし、中指を差した穴が戻らなかったらボウルから出してパンチを入れる。

軽くまとめなおして、13のボウルに戻す。ラップをしてさらに30分発酵をとる。

分割・丸め   ベンチタイム

16   17   18

乾燥注意！適温キープ！

生地をリュスティック用にするなら220g、ドック用なら80g、バターロール用なら50gに分割する。

軽く丸める。

25分、ベンチタイムを取る。バターロール形にする生地のみ、ベンチタイム途中の10分後にラッキョウ形にまとめなおす。

Chef's comment　**捏ね上がりからベンチタイムについて**

Bread making tips
〈パン作りのコツ〉

●生地温度
　捏ね上がりが27〜28℃になるようにします。夏は冷たい水を使い、冬は温水を使って目標温度に近い生地に仕上げましょう。
　また、室温にさらす時間（ミキシング時間）も気にしてください。ただ、生地温度に影響を与えるのは室温以上に作業台の温度調整が有効ですから、ここでも水袋で作業台を温めながら（冷やしながら）生地を捏ねてください。

●生地発酵（一次発酵）とパンチ
　発酵場所は27℃、75%を目標にします。もし発酵室温度がこれより高ければ発酵が早く進みますから、発酵時間を短くしなければなりません。逆に低ければ発酵時間を長くします。
　ちなみに、パン生地の温度が目標よりもずれていた場合、1℃のずれで、トータルの発酵時間（一次発酵＋ベンチタイム＋最終発酵）を20分調整するといわれています。
　60分経過をめどに指穴テストで生地の発酵具合をみてパンチを入れてください。軽くまとめなおしたら、再びラップをして同じ環境にさらに30分おきます。

●分割・丸め
　レーズンパンもパン型（ワンローフ型）を使います。食パンの型比容積が3.8なら、発酵も膨張もしないレーズンが入っているのでこちらは当然型比容積は小さく、分割生地重量は重くします。レーズンの添加量によって変わりますのでご注意ください。
　分割した生地の丸めは、はじめは誰でもなかなか上手にはできませんが、ここでは少し強めに丸めてください。どうしてもレーズン生地は漬け込みの洋酒、あるいは漬け込み液に溶出したレーズンからの糖分で生地が緩めになります。しっかり丸めて生地に腰をつけて下さい。

●ベンチタイム
　25分を目標にします。25分より前に芯がなくなり成形ができるようなら成形に移ってください。この時のパンの焼き上がりを見てパンが若いようなら、次回はベンチタイムの途中で丸めかえるのも1つの方法です。2度丸めをすることでベンチタイムが倍になります（倍に伸ばしてください）ので、生地の発酵時間が伸び、腰のある、利いたパンにすることができます。

指穴テスト
粉を付けた中指を生地中央に深く差し込んだあとが、そのまま残っていればパンチのタイミングです。

膨らむのはパン生地だけパート2
今回のワンローフ型は700mlですから、それを比容積の3.2で割ると218.8、計算しやすく220gとして、これがワンローフ型に詰める生地量ということになります。
ベーカーズ％で見てみますと50（レーズン添加量）÷242（全体の生地量）×100＝20.7、つまりレーズン生地の20%はレーズンなのです。レーズンはコーンと同様、発酵をとっても膨らみません。生地を膨らませてくれるのは残り80%のパン生地です。そこで、パン生地だけで比容積を計算すると、700÷176（分割生地220gのうちのパン生地量）＝3.98となり、ほぼ型焼きパンとしては理想的な生地量ということになります。（P.31参照）

109

ITEM. 07 / RAISIN BREAD & ROLLS

| 成形 |

19

ロール

ロールはそのまま丸め直す。

20

バターロール

ラッキョウ形の生地は、めん棒で二等辺三角形に延ばし、底辺から巻く。
水を含ませたキッチンペーパーに上面をつけてぬらし、白ごまを付ける。

21

ドッグ

ドッグ形にするものは、軽くたたいて楕円形に延ばし、上下から折り込んで三つ折りにして左右を折り込む。さらに向こう側から二つ折りにし、巻き終わり部分を押さえて閉じる。水を含ませたキッチンペーパーに上面をつけてぬらし、白ごまを付ける。

22

ワンローフ

ワンローフもドッグ形と同様に成形する。水を含ませたキッチンペーパーに上面をつけてぬらし、白ごまを付ける。バターを塗った型に入れる。

成形について

Bread making tips
〈パン作りのコツ〉

●成形

　この時の丸めもしっかり、ていねいに丸めてください。あるいは、めん棒を使ってパン生地を薄く延ばし、のり巻き状にくるくる巻いて、長い棒状にしてもかまいません。

　ワンローフ型にはなまこ形にまとめて、閉じ口を下にして詰めてください。

応用編

生地をとり置いて、後日焼く方法

一度に多めの生地を仕込み、2回に分けて焼くときは、粉500gの配合で生地を作ってください。作業は1～15までは同じですが、生地を捏ねる回数は2～3割多くなります。以下、あとで焼く生地についてお話しします。

1. 生地は約1210gできる計算なので、残った生地はビニール袋に入れ、1～2cmの厚さに均一に延ばして冷蔵庫で保管することで、冷蔵熟成したことになります。
2. 翌日、または翌々日、生地を冷蔵庫から取り出し（生地温度：約5℃）、暖かいところに1時間ほど置きます。（室温にもよりますが20℃前後に上昇しています。）
3. 生地が17℃以上になっていることを確認し、上記の16.からの作業を続けます。
4. 3日以上置きたい場合は、冷凍保存してください。その場合でも1週間以内を目安に焼いてください。焼きたい前日に生地を冷凍庫から冷蔵庫に移し「上記2.」から始めます。

「若い」「利いてる」ってなに？

パン屋さんと会話をするとパン生地が「若い」、「過ぎている」、「利いている」「腰がある」という単語が出てきます。「若い」とは発酵不足、「過ぎている」「利いている」とは発酵過多のことを言い、「腰がある」とは生地に弾力があることを言います。

ITEM. 07 / RAISIN BREAD & ROLLS

ホイロ（最終発酵）・焼成前作業

乾燥注意！適温キープ！

23 　24　25

ワンローフ用の生地はワンローフ型に入れ、そのほかのものは天板にのせて 50〜60 分のホイロをとる。ワンローフ型は、型の縁から 1.5〜2 cm 程度顔を出すくらいに膨らむのが望ましい。（この間に、オーブンを予熱する。底に蒸気用の天板を入れて 210℃に設定。）

ホイロ後、ごまが付いていないものには塗り卵をする。

ドック形の生地にはカットを入れ、切れ目にグラニュー糖をのせる。
生地を入れる直前に底の天板に 200ml の水を注ぐ（急激に発生する蒸気に注意）。

焼成

26　27　28

続いてすぐにパン生地を入れる。このとき、ごまを付けたパン生地には霧を吹きかける。扉を閉めたら設定温度を 200℃に下げる。

焼成時間は小型のものは 8〜9 分がめど。ただし、焼きムラが気になるようなら天板の前後を変える。

全体においしそうな焼き色が付いたらできあがり。取り出して作業台の上 10〜20 cm の高さから天板ごと落とす。

2 枚目の天板を入れるとき

再び 210℃に上げ、25 の水を入れるところから 26〜28 を繰り返す。

 **Chef's comment　ホイロから焼成について**

●**ホイロ（最終発酵）／焼成前作業**
　32℃、80％を上限にします。温度が低い分には時間がかかるだけで問題ありません。でもパン生地の乾きだけは絶対に避けなければいけません。
　ホイロ時間の長さと、窯伸びの大きさは反比例します。ホイロ時間がいつもより長くかかる生地はオーブンに入れてからも大きく伸びません。逆にホイロ時間の短い生地はオーブンに入ってから大きく伸びます。

●**焼成**
　パン型の大きさ、生地量にもよりますが、ワンローフの場合は 200℃、17 分を目安にします。
　クラスト（パンの表皮）の薄い、艶のあるレーズンパンを焼きたい時は、レーズン生地の入ったパン型を入れる前に 200ml の水をあらかじめオーブンの底に入れておいた熱い天板の中に注ぎます。急激に強い蒸気が出ますので、レーズン生地の入った天板やパン型を入れた後はできるだけ速やかに扉を閉めます（火傷をしないように気をつけて下さい）。これらの動作をするとオーブンの温度は急激に下がりますので、最初のオーブン温度の設定は 210℃と高めにしておき、一連の動作が終了して扉を閉めたところで 200℃に下げて最後まで焼き上げます。
　オーブンによっては前後左右に焼きムラができますので、その場合は途中で天板またはパン型そのものの前後左右を入れ替えます。
　時間がきて、美味しい焼き色になったらオーブンから取り出しますが、この時もパンにショックを与えて、焼き縮みを防止します。つまり、オーブンから天板やパン型を出したらすぐに作業台等の上に天板ごと落とすのです。その後、型に入っているパンはできるだけ速やかに型から取り出してスノコ等の上で冷却します。この時、平らなところであることが大切です。湾曲した台やスノコ等の上で冷却するとケービング（腰折れ）の原因になります。

ITEM. 08 ブリオッシュ
BRIOCHE

ブリオッシュ・ア・テッド

ブリオッシュ・ド・ナンテール

菓子パンをさらにリッチ（バターや卵など副材料が多い生地）にした配合です。この場合、副材料の存在がグルテンの結合を阻害しますので、バターを入れる前に、いかにグルテンをつなげておくかがポイントになります。なお、卵黄に含まれるレシチンは乳化剤として働き、生地にバターを取り込んでくれますから、バターが多い生地に卵が多用されることは理にかなっているのです。

工 程

■ ミキシング	手仕込み（40回↓IDY10回　AL20分 150回↓バター150回↓塩・バター150回）
■ 生地温度	24～25℃
■ 発酵時間（27℃、75%）	60分
■ 冷蔵（4℃）	一晩
■ 分割・丸め	40g、32g、8g
■ ベンチタイム（冷蔵庫）	30分
■ 成形	ブリオッシュ・ア・テッド、ブリオッシュ・ド・ナンテール
■ ホイロ（32℃、80%）	60分
■ 焼成（210→200℃）	8～10分（ア・テッド）、14～16分（ナンテール）

IDY：インスタントドライイースト　AL：オートリーズ

配合（材料）

Chef's comment　材料の選び方

パン用粉（強力粉）を使います。バターをはじめとした副材料がたくさん入るので、グルテンのつながりが弱くなります。その分、タンパク質量の多い小麦粉が必要です。

この生地は、副材料が多いうえに冷蔵発酵させますので、インスタントドライイースト（赤）を多めに使います。もし入手できるなら、耐糖性に優れたインスタントドライイースト（金）を使ってもかまいません。多くの耐糖性に優れたパン酵母は耐冷凍性にも優れています。

普通の塩でかまいません。副材料が多く、生地の全体量が多くなるため、2%と多めに使います。

普通の砂糖でかまいません。他の副材料が多いわりに、砂糖は10%と控えめです。

美味しい最上級のブリオッシュを目指すのですから、ここはバターを使ってください。

パンのボリューム、焼き色をよくしてくれます。加えて、卵黄（レシチン）の乳化作用により生地中でのバターの分離を抑えてくれます。配合によっては水を使わずに卵だけで仕込むこともありますが、卵白が多いと卵白中のオボアルブミンが食感をパサつかせます。私は卵と牛乳が半々ぐらいの配合を好みます。

普通の牛乳のほか、豆乳や水でもかまいません。私は水を使わず卵と牛乳を半々で仕込むこともあります。

これまでのパン同様、いつもの水道水で充分です。水は上手に使うことで、むしろしっとりとしたパンを焼くことができます。

40gの生地 14個分

材　料	粉250gの場合(g)	ベーカーズ%(%)
小麦粉（パン用粉）	250	100
インスタントドライイースト（赤）	7.5	3
塩	5	2
砂糖	25	10
バター	100	40
卵	75	30
牛乳	75	30
水	17.57	7
合計	555	222

そのほかの材料
■ 塗り卵（全卵をよく溶いたもの）　適量
（※配合のリッチな生地の塗り卵は水でうすめません）

ITEM. 08 / BRIOCHE

ミキシング

1

ポリ袋に粉と砂糖を入れ、空気を含ませてよく振る。ポリ袋の底角を中に押し入れると袋が立体的になって粉が混ざりやすくなる。

2

よく溶いた卵、牛乳、水も袋に加える。

3

再びポリ袋に空気を入れて立体的にし、パン生地を袋の内壁にぶつけるように強くしっかり振る。

4

ある程度塊になってきたら、袋の上からしっかりもむ。

5

袋から生地を作業台に出し、40回ほどもみ、インスタントドライイーストを加え、さらに10回ほどもむ。

オートリーズ→
詳細 P.83 参照

6

20分間、オートリーズをとる。まとめた生地の閉じ口を下にし、バターを薄く塗ったボウルに入れ、ラップをする。（写真はオートリーズ前と後のグルテンのでき方の違い）。

7

20分経ったらインスタントドライイーストが均一になるよう、「のばす」と「たたむ」という作業を、150回をめどに繰り返す。

8

生地を小さく切り分け、薄く延ばしてはバターを加え、またその上に生地を載せてはバターをのせるようにして混ぜていく。

9

ここではバターは全体の半分量を加えたところで、「のばす」「たたむ」を150回繰り返し、生地をつないでいく。

Chef's comment　**ミキシングについて**

Bread making tips
〈パン作りのコツ〉

●ミキシング

　しっかりしたポリ袋に小麦粉、砂糖を入れます。袋の中で粉体の状態でシャカシャカと均一に混ざるように振ります。次に、温度調整をした牛乳、ホイッパーでほぐした卵、水、空気も一緒に入れて、風船を膨らませたような状態で元気よく振ります。ポリ袋の内壁にパン生地をたたきつけるような気持ちで、激しく強く腕と手を使ってパン生地を一つの塊にします。

　次に、ポリ袋の上からパン生地をもみほぐしパン生地の中のグルテンの塊がより強く、つながるように動作を続けます。ある程度グルテンがつながってきたら、パン生地をポリ袋から出して机の上で40回ほどもみます。次にインスタントドライイーストを加えてさらに10回もみます。そしてこの後、オートリーズをとります。

　20分後、「のばす」「たたむ」を約150回繰り返し、インスタントドライイーストを生地にすり込みます。

　その後、ペースト状にしたバター半分をパン生地にすり込んでいきます。この時、効率の良い方法は生地を小分けにして、少量をテーブルの上で延ばし、その上にバターを塗りつけ、またその上に少量のパン生地を重ねるやり方です。このあと、「のばす」「たたむ」作業150回を目指します。

　次に残りのバターと塩を同様に、パン生地にすり込みます。ここからさらに「延ばす」「たたむ」で150回を目指してください。グルテンチェックをしてパン生地が薄く延びるようなら生地はできあがりです。

グルテンチェック

時々、グルテンチェックをしてみてください。バターも塩も全量入れて充分捏ねてこのくらい指が透けて見えるほど薄く延びるようになれば完成です。

117

ITEM. 08 / BRIOCHE

生地温度

10
さらに生地を広げ、残りのバターと塩を加える。

11
このあと同様に150回、「のばす」「たたむ」を繰り返す。

12
捏ね上がりの温度を測る。（24～25℃が望ましい）

生地発酵（一次発酵）

13 乾燥注意！ 適温キープ！

生地をまとめてボウルに入れ、ラップをかける。27℃に近いところに60分おいて発酵をとる。

14

ほどよく膨らんだら指穴テストをして中指を差した穴が戻らなかったらボウルから出し、軽くパンチを入れる。

15 乾燥注意！ 適温キープ！

ポリ袋に入れ、めん棒で1～2cmの厚さに均一に延ばして、冷蔵庫で一晩おく。

分割・丸め

ベンチタイム

16
生地を32g×8、8g×8、10g×6に分割する。ただし、ブリオッシュ・ア・テッドを作る菊型の大きさによって分割重量は変わる。

17
それぞれを軽く丸める。

18 乾燥注意！

トレイに並べ、乾燥しないようにラップをして30分、冷蔵庫でベンチタイムを取る。

Chef's comment　捏ね上がりからベンチタイムについて

Bread making tips
〈パン作りのコツ〉

● 生地温度
　捏ね上がりは24〜25℃を目標とします。多めのバターが入りますので高くても27℃以下を心がけてください。

● 生地発酵（一次発酵）とパンチ
　27℃、75％の環境を目標にします。60分後にガスを抜き、ポリ袋に入れて生地を1〜2cmの厚さに延ばし、冷えやすくして冷蔵庫に入れます。

● 冷蔵発酵
　ポリ袋に入れた生地は、冷蔵庫の中で1晩冷蔵発酵・熟成させます。

● 分割・丸め
　使う型の大きさに合わせた重量で分割します。今回はブリオッシュ・ア・テッド用には32gと8gの2種類を8個ずつ、またワンローフ型に入れるブリオッシュ・ド・ナンテール用には40g×6に分割します。

● ベンチタイム（冷蔵）
　30分が目安です。成形できる状態に緩んで（冷えて）きたら次の工程に移ります。常温でベンチタイムを取ると生地がべたつき、成形が難しくなるので、冷蔵庫に入れます。

冷蔵
冷蔵庫には、ポリ袋に生地を均一に平らに延ばして入れると冷えやすく、常温に戻す時も温まりやすいです。

塗り卵の使い分け

塗り卵の使い分けは意外に難しいものです。基本的には生地配合によって塗り卵の配合（濃さ）を変えます。例えば、フランスパンには卵白を塗り、テーブルロール、菓子パンには全卵に50％の水を加え、それよりリッチな配合には全卵を使います。和菓子屋さんの栗饅頭等は全卵に卵黄を加えてさらに濃い焼き色にします。その他、素朴な焼き色にしたい時は牛乳を塗ったりもします。何も考えないで全ての生地に全卵を塗ってはいません。

ITEM. 08 / BRIOCHE

成形

19

ブリオッシュ・ア・テッド形に成形する。32gの生地の真ん中に中指で穴を開け、8gの生地はラッキョウ形に成形する。このラッキョウ形の細い部分を32gの生地の穴に通し、バターを塗った菊型に押さえつけるように入れる。

20

ブリオッシュ・ド・ナンテールは、40gの生地6個を丸め直し、バターを塗ったパウンド型に写真のように詰める。

ホイロ（最終発酵）・焼成前作業

21

ホイロを40〜50分とる。ホイロ後卵を塗る。（この間にオーブンを予熱する。底に天板を入れて210℃に設定。）

22

オーブンに入れる前にもう一度、ていねいに塗り卵をする。卵液が型に流れないように注意する。鉄製の菊型を使っているので、天板を使うと下火が弱くなるため網天板にのせる。

23

パン生地を入れる直前に、オーブンの底の蒸気用天板に約200mlの水を注ぐ。（急激に発生する蒸気に注意）。

焼成

24

続いてすぐにパン生地を入れ（下段に）、設定温度を200℃に下げる。

25

焼成時間は8〜10分だが、焼きムラが気になったら、網天板ごと前後を入れ替える。

26

全体においしそうな焼き色が付いたらできあがり。取り出して作業台の上10〜20cmの高さから網天板ごと落とす。

Chef's comment 　成形から焼成について

Bread making tips
〈パン作りのコツ〉

●成形
　ブリオシュ・ア・テッド型にもいろいろな大きさがありますから、型の大きさにあった分割重量が必要です。

　本来は生地の2割ほどを頭状につないで成形するのですが、慣れないうちは難しいので、安定した形を得るために2割ほどの生地を切り離しラッキョウ形にして、残り8割の生地でドーナツを作り、その穴にラッキョウの細い部分を埋め込みます。

　一方、ブリオシュ・ド・ナンテールは、型に丸め直した生地を6個入れて焼き上げるタイプです。バターを塗った型に均等な間隔で入れてください。

●ホイロ（最終発酵）／焼成前作業
　27℃、80%の環境でゆっくり最終発酵をとってください。この時も表面の乾燥に注意してください。

　パン生地に若干弾力が残っている状態でホイロから出し、少し表面を乾燥させます。そうすることで卵がきれいに塗れるからです。パン生地表面にきれいに塗り卵をしたら再度乾かし、オーブンに入れる前にもう一度塗り卵をします。この生地はバター比率が多く、塗り卵がのりづらいため、二度塗りをするのです。ただしこの場合、窯入れ時の蒸気は入れません。

　塗り卵は、全卵をよく切って（ホイッパーで軽く混ぜることを言います）、卵黄と卵白を均一にしておきます。どうしても気泡が混ざりますので、前日に少量の塩を加えて準備しておくのがベストです。ですが、急な場合はもったいないですが、溶いた卵の上に浮いている泡の部分は刷毛で除いて捨ててください。

●焼成
　200℃、8～10分を目標とします。焼き色にムラのある時は途中で前後左右を入れ替えて、焼き色が均一になるように調整してください。焼成時間は、この時間内で短い方が艶もよく、皮の薄い状態で焼きあがります。黄金褐色、美味しそうなきつね色になったら速やかにオーブンから取り出し、天板ごと、作業台の上に落とし、パンにショックを与えます。

応用編

生地をとり置いて、後日焼く方法

1. 分割時、必要な数を取った残りの生地は再びポリ袋に入れ、1～2cmの厚さに均一に延ばして冷蔵庫で保管することで、さらに冷蔵熟成することになります。
2. 翌日または翌々日、生地を冷蔵庫から取り出し、16の作業から続けます。
3. 生地を3日以上置きたい場合は、冷凍保存してください。その場合でも1週間以内をめどに焼いてください。焼きたい前日に生地を冷凍庫から冷蔵庫に移し、16の作業から始めます。

焼成
型入れして焼くブリオッシュ・ド・ナンテールは、14～16分より前に上面が焦げるようなら覆いをして下さい。その場合は重みとしなりを兼ね備えたコピー用紙がおすすめです。

ITEM. 09 パン・ド・カンパーニュ

PAIN DE CAMPAGNE

「田舎パン」とも呼ばれ、一般的にはライ麦粉を配合したものが多くみられます。ただ、ライ麦粉はべたつきが出るので手仕込みの場合、割合は5%にとどめています。それでもライ麦の風味は十分楽しめます。内緒ですが私のお店では茹でたじゃがいもを10%練り込んでいます。甘味が出てとても美味しくなりますので、ここでもご紹介します。

工程

ミキシング	手仕込み（40回↓IDY10回　AL20分 ↓パートフェルメンテ100回↓塩100回 ↓じゃがいも100回）
生地温度	24〜25℃
発酵時間（27℃、75%）	60分　パンチ　60分
分割・丸め	250g
ベンチタイム	30分
成形	まくら形
ホイロ（32℃, 75%）	50〜70分
焼成（220→210℃）	25分

IDY：インスタントドライイースト　AL：オートリーズ

配合 (材料)

Chef's comment　材料の選び方

250gのカンパーニュ生地2個分

材　料	粉 250g の場合 (g)	ベーカーズ% (%)
小麦粉（パン用粉）	237.5	95
ライ麦粉	12.5	5
インスタントドライイースト（赤）	2	0.4
モルト（ユーロモルト・2倍希釈）	1.5	0.6
パートフェルメンテ（前日のフランスパン生地）	75	30
塩	5	2
じゃがいも（加熱済み）	25	10
水	160	64
合計	517.5	207

一般にフランスパン用粉と言われている準強力粉を使います。このパンをタンパク質量の多いパン用粉（強力粉）で作ると、パンの引きが強くて、噛み切れないパンになります。

ライ麦全粒粉ではなく、ライ麦粉を使います。全粒粉では皮も含まれ、ざらつき感やえぐみが多少出てしまうのでここでは使いませんでした。また、様々な灰分のライ麦粉がありますが、今回は5%だけなので、あまりこだわらなくてもよいでしょう。

一般的なインスタントドライイースト（赤）を使います。

そのままでは粘度が高く計量しづらいので、水を加えて2倍希釈しておきます。長期間保存すると発酵してきますので、希釈液は一度に作り過ぎないようにしてください。

このパンで副材料として入るのは塩のみです。塩にこだわりたい時はこのパンでこだわることをお勧めします。でも、なかなかパンの味にまで表現するのは難しいようです。

これもこだわりません。水道水で充分です。

※じゃがいもは、ゆでるかまたはラップに包んで電子レンジにかけてもかまいません。

123

ITEM. 09 / PAIN DE CAMPAGNE

ミキシング

1

2種類の粉を入れたポリ袋に空気を含ませてよく振る。ビニール袋の底角を押し、袋を立体的にすると混ざりやすくなる。

2

モルトと水を加える。モルトの容器についた分も、仕込み水の一部で洗いながら加える。

3

再度、ポリ袋を立体的にして、パン生地を袋の内側にぶつけるようなつもりでしっかり混ぜる。

4

ある程度塊になってきたら、袋の上からしっかりもむ。

5

生地を作業台の上に出して、40回ほどもみ、インスタントドライイーストを加えてからさらに10回ほどもむ。

 オートリーズ→
詳細 P.83 参照
6 乾燥注意！適温キープ！

生地を丸め、閉じ口を下にしてボウルに入れ、ラップをして20分、オートリーズをとる。

7

生地を取り出し、パートフェルメンテを加えて100回もむ。その後生地を広げ、塩を加える。均一になるよう「延ばす」「たたむ」を1回と数えてさらに100回、捏ねる。

8

生地を広げ、ゆでたじゃがいもを加え、「のばす」「たたむ」をさらに100回繰り返し、生地をつないでいく。

9

捏ね上げた生地の温度を確認する(24〜25℃が望ましい)。

Chef's comment　**ミキシングについて**

Bread making tips
〈パン作りのコツ〉

● ミキシング

　小麦粉とライ麦粉をポリ袋に入れ、粉の状態でシャカシャカ振って均一に混ぜます。そこに温度調整をした水とモルト、さらに空気も入れて風船状にして強く振ります。ポリ袋の内壁にパン生地をたたきつけるような気持ちでこの動作を繰り返します。

　ある程度の塊状になったところでポリ袋の上からパン生地をもみ、グルテンのつながりを強くします。そののち、パン生地をポリ袋から取り出して40回ほどもみ、インスタントドライイーストを加えてさらに10回ほどもんだら一つにまとめ、乾燥させないようにしてオートリーズを20分とります。

　20分後、しなやかになった生地にパートフィルメンテを加えて100回もみ、生地を広げて塩を加え、さらに100回捏ねます。

　さらにもう一度生地を広げてゆでたじゃがいもを加え、100回捏ねます。ここでミキシングを終了してもいいですし、もう少しグルテンをつないでもいいです。今回は最初ですから見た目が大切です。となれば、食パンまではいかないまでも、それなりにグルテンをつなぐために、もう少し捏ねてもよいでしょう。グルテンチェックで厚めの膜ができれば終了です。

● 生地温度

　捏ね上がりの生地温度は24〜25℃を目標にします。

グルテンチェック
厚めですが、ここまで延びる生地になればミキシングは完了です。

ITEM. 09 / PAIN DE CAMPAGNE

生地発酵（一次発酵）

10

一つにまとめてボウルに入れる。乾燥しないようにラップをかけ、27℃に近いところに60分おいて発酵をとる。

11

時間が来たら指穴テストをして、パンチを入れる(パン生地からガスを抜き、丸めかえる)。

12

再びボウルに戻し、ラップをする。10と同じ環境で、さらに60分発酵をとる。

分割・丸め

ベンチタイム

13

生地を半分に分割する。

14

それぞれを軽く丸めなおす（軽く叩いて折りたたみ、まくら形にする）。

15

30分、ベンチタイムを取る。生地が乾かないようにする。

成形

16

生地を軽く叩いて、楕円形にする。

手前から、向こう側からと折って三つ折りにする。

左右の生地を中に折り込む。

閉じ口を押さえる。

さらに二つ折りにして、手のひらの付け根で生地を押さえ、まくら形に整える。

Chef's comment　発酵から成形について

Bread making tips
〈パン作りのコツ〉

●生地発酵（一次発酵）とパンチ

27℃、75％の環境で60分、その後パンチ（パン生地を発酵ボウルから出して、軽めに丸めかえします）して、さらに60分発酵をとります。通常、フランスパンは最初の発酵時間を90分とることが多いのですが、ここでは発酵力を持った生地（パートフェルメンテ）を加えているため、時間が短縮できています。

グルテンは形状記憶合金と似た性質を持っています。発酵の時の形がオーブンの中で再現されますので、最終形状に似た形のボウルで発酵をとってください。

●分割・丸め

ここでは仕込み量を2等分して1つを250～260g程度に分割していますが、ホイロ、焼成の過程でボリュームは約4倍になることを考え、皆さんはご自身のオーブンの大きさ、天板の大きさにあったサイズに分割してください。

丸めは軽くて結構です。成形する形を想像して長い成形なら長めに、丸なら丸形に、軽く丸めておきます。

●ベンチタイム

他のパンよりも時間がかかります。30分前後を考えてください。この間も、パン生地が乾かないようにご注意ください。

●成形

プロのパン屋さんでも難しいのが、この時の成形の強さです。ここでは強く成形すると腰が立ちすぎ、ボリュームが出なくなるので、軽く成形します。

丸形に成形する時は、シンペル（専用型）またはキッチンの籠に布巾を広げ、手粉を振ってパン生地の上面を下にして入れます。コンテストなどで多くの方がバラエティー成形をするのはこの生地です。慣れてきたら、いろいろな成形に挑戦してください。

指穴テスト
中指を深く差し込んで、生地に指の穴がそのまま残っていればちょうどパンチのタイミングです。

応用編

生地をとり置いて、後日焼く方法

1. 分割時、1個分を取った残りの生地をポリ袋に入れ、1～2cmの厚さに均一に延ばして冷蔵庫で保管します。これで冷蔵熟成することになります。
2. 翌日または翌々日、生地を冷蔵庫から取り出し（生地温度約5℃）、暖かいところに1時間ほど置きます。（室温にもよりますが、20℃前後に上昇しています。）
3. 生地が17℃以上になっていることを確認し、13の作業から続けます。

※フランスパン、パン・ド・カンパーニュ以外のパンは冷凍保存も可能ですが、砂糖もバターも入っていない生地は冷凍には向きません。残念ですが、2～3日の冷蔵熟成が限界です。

ITEM. 09 / PAIN DE CAMPAGNE

ホイロ（最終発酵）・焼成前作業

17

ひだをとったキャンバス布（または布巾）の上にのせ、50〜70分のホイロをとる。（この間に、オーブンを予熱する。底に蒸気用の天板を入れて、さらに上下段ある場合は下段にオーブン用の天板を裏返しにして差し込んでおく。220℃に設定。）

18

オーブン内に一度にパン生地を挿入できるサイズの板（または厚いボール紙）の上にパン生地を移す。このとき、個々のパンの下にはベーキングシートを敷いておく。

19

パン生地に垂直に刃を入れ、格子状に切り目を入れる。

焼成

20

パン生地をのせたボール紙を庫内の奥まで差し込む。

21

一気にさっと引いてパン生地をベーキングシートごと天板の裏面に落とす。オーブンの底に置いてある蒸気用の天板に50mlの水を注ぐ（急激に発生する蒸気に注意）。すぐに扉を閉めて、設定温度を210℃に下げる。

22

焼成時間は25分がめど。ただし、焼きムラが気になったら、一度オーブンを開けてパンの前後を変える。また、表面のつやが不足していたら、途中、霧を吹きつける。全体においしそうな焼き色が付いたらできあがり。

ホイロから焼成について

Bread making tips
（パン作りのコツ）

●ホイロ（最終発酵）
32℃、75%の環境で最終発酵をとります。おおよそ50〜70分です。ホイロを長くとった方がボリュームも大きく、軽いパンが焼けます。

●焼成
210℃、25分を目標にします。

あらかじめ、天板を裏返しにしてオーブンに入れておきます。同時に、蒸気用の天板もオーブンの底に入れておきます。

天板と同じ大きさの板にベーキングシートを敷き、その上にパン生地の巻き終わりの部分を下にして置きます。波刃のナイフ（または両刃のカミソリを割り箸に挿してもよい）で表面をカットします。パン生地の表面から垂直に1〜1.5cmの深さまで刃を入れてください。

あらかじめ入れておいた裏返しの天板の上に、パン生地を板ごと差し入れ、素早く板のみ引き抜きます。うまく裏返しの天板の上にパン生地がのったら、手早く50mlの水をあらかじめ入れてある蒸気用の天板の中に注ぎ入れます。急激に蒸気が発生しますので、その蒸気がオーブンの中にとどまるように素早く扉を閉めます。

これらの一連の動作でオーブン内の温度は急激に下がりますので、始めの設定温度は10℃高めの220℃にしてください。全ての動作が終ったところで210℃に設定しなおして最後まで焼きます。焼き色にムラのできた時は焼成途中でパンの前後を入れ替えて、均一な焼き色になるよう調節してください。

焼成が終了したと思った時にパンをオーブンから取り出し、一個ずつ手にもって底を叩いてください。乾いた音（コンコン、カンカン）がすれば焼き上がりです。湿った音（ポクポク）ならもう少し焼いてください。

なお、フランスパンは一個ずつ軽く作業台に落とすだけでショック効果はあります。

生地を移動させる板
ホイロ後、パン生地を窯入れ用の板（またはダンボール紙）に移すための板かダンボール紙は、ストッキングやタイツのような伸縮性のある化学繊維の生地で包むとパン生地がべたつかないのでおすすめです。

ITEM. 10 デニッシュペストリー
DANISH PASTRY

風車

菱形

くし

三角

クロッカン　ダイヤ

クロワッサンをさらにリッチにした層状のパンです。硬くて糖分の少ない生地に折り込みバターが多いのがデンマークタイプ、一方、糖分、油脂、卵が入ってスイートロールのようなパン生地にバターを折り込んだものがアメリカンタイプですが、今回は中間の日本タイプと思ってください。

工程

ミキシング	手仕込み（40回↓IDY 150回↓塩 100回）
生地温度	22～24℃
放置時間	30分
分割	なし
冷凍（−20℃）	30～60分
冷蔵	1時間～一晩
ロールイン・折り込み	厚さ6mmで三つ折りを3回
成形	スクエアー（3mm厚で正方形　50g）
ホイロ（27℃、75%）	50～70分
焼成（210→200℃）	10～12分

IDY：インスタントドライイースト

配合（材料）

Chef's comment　材料の選び方

50g の生地 12 個分

材料	粉 250g の場合 (g)	ベーカーズ% (%)
小麦粉（フランスパン用粉）	250	100
インスタントドライイースト（赤）	7.5	3
塩	5	2
砂糖	37.5	15
バター（ペースト状）	37.5	15
卵	37.5	15
牛乳	75	30
水	25	10
ロールイン用バター	150	60
合計	625	250

パン用粉（強力粉）では食べた時の引きが強く、サク味に欠けますから、フランスパン用粉（準強力粉）を使います。手に入らなければパン用粉に20％程度、中力粉あるいは薄力粉をブレンドしてください。

低糖用を使います。つまり一般的なインスタントドライイースト（赤）です。

お台所にある、いつもの塩で結構です。

いつも使っている砂糖で結構です。

美味しいデニッシュペストリーを作るのですから、ここではバターまたは発酵バターを使います。ミキシングが短いので、ある程度ペースト状にしてミキシングの最初から加えます。

焼き色を良くしてくれます。正味の全卵を使います。

お台所にある、いつもの飲みかけのもので結構です。

このパンは他のパンと違って 24℃以下、できれば 22℃くらいのパン生地温度に仕上げたいので、冷水を使います。前日から、ペットボトルに水道水を入れて冷蔵庫で冷やしておいてください。夏場はこのペットボトルの冷水が、他のパン生地の仕込みにも活躍します。

バター、あるいは発酵バターを予め（できれば前日）ポリ袋で包み、20cm四方の正方形にして冷蔵庫に入れておきます。（P.135 参照）

そのほかの材料
- 塗り卵（卵：水 =2:1 の割合に塩少々を加えたもの）　適量
- フィリング用：カスタードクリーム、くるみ　各適量
- トッピング用：アプリコットジャム　洋梨（缶）、アンズ（缶）、フレッシュ果実　ほか　各適量

ITEM. 10 / DANISH PASTRY

ミキシング

1

ポリ袋に粉と砂糖を入れ、空気を含ませてよく振る。ポリ袋の底角を指で中に押し入れて振ると、袋が立体的になって粉が混ざりやすくなる。

2

ペースト状に柔らかくしたバターとよく溶いた卵、牛乳、水を加える。

3

再びポリ袋に空気を入れて立体的にし、パン生地を袋の内壁にぶつけるように強くしっかり振る。生地はもろもろとしてくる。

4

ある程度塊になってきたら、袋の上からしっかりもむ。

5

袋から生地を作業台に出し、40回ほどもみ、インスタントドライイーストを加える。

6

150回を目安に「延ばす」「たたむ」を繰り返す。

生地温度

7

塩を加えてさらに100回、「延ばす」「たたむ」を繰り返す。

8

生地はこの程度つながっていれば良い。

9

捏ね上がりの生地温度を確認する(22〜24℃が望ましい)。

132

Chef's comment ミキシングについて

Bread making tips
〈パン作りのコツ〉

● **ミキシング**

　この生地も、クロワッサン同様あまりグルテンを出す必要はありません。途中でバターを層状に折り込みますのでその作業がミキシングにあたります。したがって、最初にしっかりミキシングするとバターを折り込む時に生地が延びづらくなり苦労しますし、結果としてオーバーミキシングにもなります。

　このパン生地もポリ袋で作るのが適しています。あらかじめ粉体だけをポリ袋に入れてシャカシャカ均一に混合します。次にペースト状にしたバター、よく溶いた卵、それに冷たい牛乳と水、空気も入れ、口を閉めて強く振ります。ポリ袋の内壁にパン生地をたたきつけるような気持ちでがんばってください。ある程度塊になってきたら袋の上からしっかりもみ、その後、袋から生地を出して作業台の上で40回ほどもみます。

　次にインスタントドライイースト（赤）を加えてパン生地の中に150回ほどもみ込みます。それでもグルテンを出すほどもむ必要はありません。次に塩を加えて100回ほどもみます。加えた全ての材料が均一に混ざり、ある程度べたつきが無くなればそれで充分です。硬めのパン生地です。

● **生地温度**

　捏ね上げ温度の目標は24℃以下、理想は22℃です。通常の生地より低めですから、最初の材料の温度から気を使います。粉は室温です。水道水も季節によって違ってきます。それぞれの温度を意識し、ミキシング環境も含め、低めに捏ね上がるよう水温で調整します。

作業台の温度調整
大きめのポリ袋にお湯（夏場は冷水）を1ℓほど入れて空気を抜き、こぼれないようにしっかり栓をしたものを作業台の遊びスペースにおき、時々作業スペースを交代します。作業台を温めながら（冷やしながら）ミキシング作業を進めるほうが、室温の調整より効果的です。作業台は写真のような石製が蓄熱性にたけています。お試しください！

※クロワッサン同様、デニッシュペストリーもミキシングでグルテンをそれほどつなげる必要がないのでオートリーズは取りません。

仕込み温度に注意！

　このパンは低温の生地に仕上げますので、粉や水の温度と、そのパン酵母への影響はよく理解して準備しましょう。例えば、インスタントドライイーストを先に小麦粉に混ぜてから水を加えると、夏場は当然15℃以下の水を使いますから、その水に直接インスタントドライイーストが触れ、活性が損なわれます。また、生地が15℃以下でもインスタントドライイーストの活性は損なわれます。インスタントドライイーストは小麦粉、砂糖に温度調整をした水等を加えて生地を作った後に、パン生地温度が15℃以上あることを確認してから加えてください。

ITEM. 10 / DANISH PASTRY

生地発酵（一次発酵）

乾燥注意！ 適温キープ！

10

薄くバターを塗ったボウルに閉じ口を下にして入れ、27℃に近いところで30分発酵（というより、生地を休ませる感じ）をとる。乾燥させないようにラップをかける。

11

30分後、ポリ袋に入れる。

12

ポリ袋の上からめん棒で押さえ、1cm厚さに延ばす。

※この間に、ロールイン用バターを準備する。→ P.135 参照

13 乾燥注意！

冷凍庫に入れて
30～60分、
充分に冷やす。

→ 充分冷えたことを確認

14 乾燥注意！

冷蔵庫に移す。このあと
60分から一晩かけて
冷蔵熟成をとる。

ロールイン・折り込み

15

ポリ袋の2辺をカッターナイフで切り開いて生地を取り出す。ロールイン用バターも作業をはじめる15～30分前に冷蔵庫から出し、パン生地と同じ硬さにしておく。

16

生地をロールイン用バターの大きさの2倍に延ばす。ポリ袋に入ったままロールイン用バターをのせると、大きさのめどが立ちやすい。ロールイン用バターも同様に袋を切ってパン生地に90度ずらしてのせる。

17

風呂敷のようにパン生地で包む。パン生地の端が重なりすぎないように注意する。生地のつなぎ目を上からめん棒でおさえる。（ここまでの作業をロールインと呼ぶ。）

捏ね上がりから生地冷蔵について

Bread making tips
〈パン作りのコツ〉

●生地発酵（一次発酵）
このパンの場合、生地発酵というよりは生地放置時間と考えてください。パン生地に緩みが出て滑らかになれば結構です。室温に約30分放置します。（この30分の間に、折り込むバターの準備をします。

30分後、軽くガスを抜いたらポリ袋に入れて冷却します。発酵と熟成がゆっくり進んでいきます。

●分割
今回の仕込みの量では分割の必要はありません。

パン屋さんのように大量に仕込むなら、できた生地を冷やし始める前に分割という作業があります。

●冷凍
ポリ袋にパン生地を入れ、ポリ袋の上からめん棒をかけ、1～2cmの厚さにパン生地を薄く広げてください。この作業でパン生地は冷えやすくなります。30～60分冷凍庫で冷やします。パン生地の周辺が凍るくらいでも結構です。長時間冷凍した場合は寝る前にパン生地の入ったポリ袋を冷凍庫から冷蔵庫に移してください。

翌日、ロールイン作業をする時に冷蔵庫からパン生地を取り出します。その15～30分前に前日準備をしておいたロールイン用バターを冷蔵庫から室温に戻して、バターを延びやすい状態（硬さ）にしておきます。（ここが大切なポイントです。）

ロールイン用バターの準備

①バターを同じ厚さに切って、厚手のビニール袋（できれば幅20cmのものが便利）に入れます。

②はじめは、手で押さえてつぶします。隙間ができないようにしてください。

③めん棒でたたいたり、押さえたりしてのばします。

④20cm四方の正方形になったら、早めに冷蔵庫に入れます。

※バターはロールイン作業をはじめる15～30分前に冷蔵庫から出し、パン生地と同じ硬さにしておきます。（ここが大切なポイントです。）

ITEM. 10 / DANISH PASTRY

18
20cmの幅はそのままに、上下に60cmぐらいまで延ばす。

19
表面の手粉をよく掃きとり、三つ折りにする。

20

端をきちんと合わせる。（これで、三つ折り1回。）ここまでの作業で生地がべたつくようなら、再度ポリ袋に入れて冷蔵庫で冷やすこと。

21
三つ折りした生地の方向を90度変え、同じく20cmの幅で上下に60cmほどに延ばす。

22

手粉をよく掃きとり、三つ折りにする。

23

これで三つ折り2回完了。

24

ポリ袋に入れてめん棒で形を整える。このあと30分以上、冷蔵庫で冷やし、休ませる。

25

よく冷えていることを確認したら、もう一度21、22を繰り返す。

26

これで三つ折りを3回したことになる。このあと再びポリ袋に入れて冷蔵庫で30分以上休ませる。

Chef's comment ロールイン・折り込みについて

Bread making tips
〈パン作りのコツ〉

● ロールイン・折り込み

　いよいよパン生地でバターを包みます。冷蔵庫から出したパン生地をポリ袋から取り出し、準備したロールイン用バターの大きさのちょうど2倍の大きさの正方形に延ばします。この正方形の生地に90度ずらしてロールイン用バターを置きます。

　風呂敷でお菓子の箱を包むように、下のパン生地をロールイン用バターの上にかぶせ、パン生地同士をつなぎ合わせてロールイン用バターを完全に包みます。パン生地同士はしっかりつなぎ合わせます。このあとめん棒で薄く延ばしていきますので、いい加減につなぎ合わせるとその部分からバターがはみ出します。

　一方方向に3倍の長さまでパン生地を薄く延ばします。ゆっくり少しずつ延ばしてください。ポイントはパン生地の硬さとバターの硬さが同じであることです。これさえ守れば意外に簡単にパン生地はスムーズに延びてくれます。

　3倍になったら、延びたパン生地を3層に折りたたみます。(このあたりでもし、パン生地の温度が上がってべたついてきたら、ここで生地をポリ袋に入れて30分ほど冷蔵します。)もう一度、方向を変えて3倍に延ばし、三つ折りにし、ポリ袋に入れて乾かないように冷蔵庫で約30分冷やします。30分後、前回と90度違う方向に生地を3倍まで延ばし、3層に折ります。これで生地の層は3×3×3＋1の28層になります。

余分な手粉は払う
生地を折りたたむ時、余分な手粉はこまめに払っておきます。

3×3×3+1 の 1 て何？

この「1」について、疑問に思われますか。自分で図を書いてみてください。最初のロールインの時、生地は上と下に2層あります！

ITEM. 10 / DANISH PASTRY

成形

27

生地がよく冷えていることを確認し、ポリ袋から生地を出す。再度幅20cmで厚さ3mmまで上下に延ばす。

28

端を切り落とす。端生地は別に集めて冷蔵庫に入れる。

29

10cm×10cmの正方形に切っていく。50g×12（または60g×10）とれる。切り終わった生地は再度、冷蔵庫に入れて生地温度を冷蔵庫温度まで下げる（約30分が目安）。

30　生地がよく冷えていることを確認し、以下のとおり成形する。

風車

正方形の対角線状に角から切れ目を入れる。接着させる部分に塗り卵をする。生地の片方の角を中央に折りたたみ、しっかり圧着させる。

★4角を圧着させた後、中心に少量のカスタードクリームを絞っておくとホイロで膨らむのが押さえられ、トッピングがしやすくなる。

菱形

対角線状に折って、端から8mmの幅で角を1cmほど残して切り込みを入れる。再び開いて細い帯状になった部分に卵を塗る。それぞれを持ち上げて交差させる。

★中心に少量のカスタードクリームを絞っておくとホイロで膨らむのが押さえられ、トッピングがしやすくなる。

くし形

正方形の真ん中に、一文字にカスタードクリームを絞る。接着させる部分には塗り卵をしてから、二つ折りにする。5本ほど切り込みを入れ、扇状に広げる。

Chef's comment　**成形 について**

●成形

3回3層に折りたたんだ生地は30分以上（よく冷やしたいので、時間は長めにとってください）冷蔵で休ませた後、成形に移ります。

生地を約20cmの幅で、厚さが3mmになるまで薄く延ばします。このあと包丁かピザカッターで10cmの正方形に切ります。全てを切り終えたらここでちょっとお休みです。ここまでの作業でパン生地の温度は上がってバターがべたついているでしょうから、正方形に切ったパン生地をトレイに並べて再びパン生地がしっかりするまで約30分、冷蔵庫で冷やしてください。

30分後、パン生地が冷えてしっかりしたことを確認して、成形作業に移ります。ホイロ、オーブンと進むうちにパン生地は3～4倍になりますので、その大きさを考慮してパン生地同士の間隔を空けてください。

このままホイロを取ると真ん中が膨らみ、いろいろなフルーツがのせられませんので、少量のカスタードクリームを重石代わりに絞っておくとちょうどよい窪みを作ることができます。

Bread making tips
〈パン作りのコツ〉

応用編

生地をとり置いて、後日焼く方法

1. 正方形の状態までカットして、乾かないようポリ袋に入れて冷凍します。冷蔵庫ではゆっくり発酵が進んでしまい、せっかくのバターの層がなくなってしまいます。

2. 翌日、あるいは2～3日後、生地を冷凍庫から取り出し、室温に10分ほど置き、30.からの作業をします。生地は冷凍状態でも、1週間をめどに使い切ってください。

カスタードクリームの作り方
→ P.66 参照

ダイヤ形

正方形の四隅に塗り卵をしておき、四隅を引っぱりぎみにして折りたたんで中心に集め、しっかり圧着させる。

★4角を圧着後、中心に少量のカスタードクリームを絞っておくとホイロで膨らむのが押さえられ、トッピングがしやすくなる。

三角

正方形の対角線に一文字にスタードクリームを絞る。接着させる部分には塗卵をしておき、二つ折りにする。

クロッカン

分割時に出た端生地を1cm幅にカットし、アルミカップに入れ、グラニュー糖とクルミも入れる。

ITEM. 10 / DANISH PASTRY

ホイロ（最終発酵）・焼成前作業

31

天板に、となりと余裕を持って並べ、27℃、75％のホイロで50～70分最終発酵をとる。全量を一度に焼けないときは、後から焼くほうを低温の環境においておく。

32

ホイロを終了したら卵を塗る。この時もカットの断面には塗卵がかからないよう注意すること。風車にはアンズを、菱形にはスライスした洋梨をのせ、塗卵が半乾きになったら窯入れする。天板を入れる直前に底の天板に200mlの水を注ぎ入れる。（急激に発生する蒸気に注意。）のせる果物は桃、パイナップル（ただし缶詰のみ）、みかん等、食品庫にある缶詰なら何でも結構です。

焼成

33
続いてすぐにパン生地をのせた天板を入れる。（上下段ある場合は下段に入れる。）扉を閉めたら設定温度を200℃に落とす。

34

焼成時間は10～12分が目安だが、焼き色にムラができるようなら、一度オーブンを開けての天板の向きを前後入れ替える。

35

全体に美味しそうな焼き色が付いたら、オーブンから出し、天板ごと作業台の上10～20cmから落としてショックを与える。

2枚目の天板を入れるとき

ホイロから出したくし形、ダイヤ形、三角には卵を塗る。クロッカンにはさらにグラニュー糖をかけた後卵を塗る。210℃に再設定し、33、34、35を繰り返す。

Chef's comment　**ホイロから焼成について**

Bread making tips
〈パン作りのコツ〉

●**ホイロ（最終発酵）**
　27℃、75％で最終発酵をとります。バターの溶解温度は32℃ですから、それより5℃以上低い温度でお願いします。60分ほどかかります。

●**焼成**
　ホイロから出したら表面に塗り卵をします。この時もバターの層に卵がかかってしまうとせっかくのバター層がきれいに開かなくなります。卵はできるだけバター層を避けて塗ってください。
　200℃で10～12分かかります。ここではゆっくり焼いてパンの水分を飛ばし、流れ出したバターが少し焦げる位の方が焦がしバターの香りがパンに移って美味しくなります。オーブン温度が低すぎると艶のある美味しい焼き色にはなりませんのでご注意ください。
　このパンこそ、焼き上がったあとのショックが大切です。試しに1個だけそっと天板から取り出し、他のパンは天板ごと強めに作業台の上にたたき付けてください。ショックを与えたほうが見た目もきれいに層が残り、食感もよい状態が保たれています。きっとショック効果に感激します。

2枚目の天板
天板が足りないとき、または天板にバターを塗っていないときは、ベーキングシートを利用しましょう。ホイロから焼成まで生地に触らず移動できます。

焼き上げた風車、菱形には薄めて加熱したアンズジャムを塗る。

焼き上げたダイヤ形には、さらにカスタードクリームを絞り、いちごやブルーベリーなどを飾る。

あとがき

　いかがでしたか？　楽しんでお読みいただけましたか？　そして、楽しんでパンを焼いていただけましたか？

　10種類のパンを焼いていただきましたが、ここから20種類、50種類にするのはあなたの工夫と積極性だけです。日本には町のパン屋さんが9000軒余りあります。きっとあなたの近くにも美味しいパン屋さんがあり、そこの味と香りを楽しんでいることと思いますが、意を決して一度自分の焼いたパンをパン屋さんに見てもらってください。日本の、いや世界中のパン屋さんは皆、驚くほど親切です。きっと、最高の先生、ホームドクターになってくれます。

　「パンを焼く人はオシャレでなければいけない。」という言葉があります。パン焼きにはパン生地を仕込み、美味そうに成形し、黄金褐色に焼き上げるという感性と、どうしてパンが膨らみ、魅力的な味と香りがするのかを科学的に究明する理性が必要です。ご自身の全人格をぶつけなければ美味しいパンは焼けませんし、それをぶつけるだけの価値がパン作りにはあります。

　この本は全てのパンを市販のインスタントドライイーストで作りました。このあと私は、このような市販のパン酵母の代わりに自家製発酵種を使うとどこが変わってくるのか、あるいは、国産小麦で作ったらどこを変えなければいけないのか、どんなパンが焼けるのか、焼き上がったパンの何が違うのか、を追求したいと思っています。

　あなたはまだまだ、パン作りの世界に一歩、足を踏み入れただけです。これから無限に広い、楽しい世界が待っています。時間ができれば、私のお店でこの本を基にしたパン教室も開催したいと考えています。その時はお店のfacebookに載せます。素晴らしいパン作りの世界でご一緒できることを楽しみにしております。

　最後に、この本の企画、制作、編集に共著と言いたいくらいの精力と愛情と助言をいただいた有限会社たまご社の松成容子さん、使い勝手の悪いわが家での撮影を担当していただいた菅原史子さん、きれいなデザインに仕上げていただいた吉野晶子さんに心よりお礼を申し上げます。また、私のわがままな行動を温かく見守り、協力してくれた家内と家族に改めて心より感謝いたします。

パン屋さんのオーナー様へ

　ぜひ、お客様のパン好きさんを集めてパン教室を開催してください。意外に手仕込みでのパン作りは難しいものです。いつも機械の助けを借りて美味しいパンが焼けているとしても、手作りでやると必ず最初は苦戦します。手作りには手作りの難しさ、勘所があるのです。

　ご近所のパン好きさんは将来、お店を支えてくださる心強いパートナーになってくれるはずです。パン作りを共通の趣味としてSNSで情報交換することで、お店の新しい世界が見えてくるでしょう。

竹谷　光司（たけや　こうじ）

1948年北海道生まれ。北海道大学を卒業後、山崎製パン入社。ハリー・フロインドリーブ氏の紹介で3年間旧西ドイツ(現ドイツ)でパンの研修を受ける。1974年に帰国と同時に日清製粉に入社。日本パン技術研究所(JIB)、アメリカパン技術研究所(AIB)を経て1986年、日本の若手リテイルベーカリー有志とベーカリーフォーラムを立ち上げ、今日のベーカリー発展の礎を築く。その後ミックス粉、小麦、小麦粉、製粉、食品の基礎研究に携わり2007年、製粉協会・製粉研究所へ出向、全国の育種家の知己を得る。2010年、千葉県佐倉市に「美味しいパンの研究工房・つむぎ」開店。2017年、2階にカフェをオープン。プロや家庭製パン家たちから寄せられる質問に応じるうちに本書執筆を思いつく。著作に「新しい製パン基礎知識」(パンニュース社刊　1981〜)がある。

美味しいパンの研究工房・つむぎ
〒285-0858　千葉県佐倉市ユーカリが丘2丁目2-7　Tel & Fax 043-377-3752

協力：一般社団法人ポリパンスマイル協会　梶　晶子
　　　日清フーズ株式会社　前田竜郎
　　　千葉県佐倉市在住　浅野ケント　　　　　（敬称略）

プロの理論がよくわかる
一からのパン作り

著　者	竹谷　光司
初版発行日	2018年6月　1日

制作	有限会社たまご社
編集	松成　容子

撮影	菅原　史子
デザイン	吉野　晶子 (Fast design office)
イラスト	竹谷　朋子

発行者	早嶋　茂
制作者	永瀬正人
発行所	株式会社旭屋出版

〒107-0052
東京都港区赤坂1-7-19 キャピタル赤坂ビル8階
電話：03-3560-9065(販売)
　　　03-3560-9066(編集)
Fax：03-3560-9071(販売)
郵便振替：00150-1-19572
ホームページ　http://www.asahiya-jp.com

印刷・製本　株式会社シナノパブリッシングプレス

※禁無断転載
※許可なく転載、複写ならびにweb上での使用を禁じます。
※落丁本、乱丁本はお取り替えいたします。

ISBN978-4-7511-1333-2　C2077
©Kuji Takeya & ASAHIYA SHUPPAN CO.,LTD.2010 Printed in Japan